一目了然速读史 系列

3小时

读懂元朝

姜若木◎编著

一目了然速读历史故事
穿越时空见证文化传承

北京联合出版公司
Beijing United Publishing Co.,Ltd.

图书在版编目（CIP）数据

3 小时读懂元朝 / 姜若木编著. —北京：北京联合出版公司
2011.3（2022.2 重印）
ISBN 978-7-5502-0193-4

Ⅰ．①3… Ⅱ．①姜… Ⅲ．①中国历史：古代史－
元代－通俗读物 Ⅳ．①K247.09

中国版本图书馆 CIP 数据核字（2011）第 044823 号

3 小时读懂元朝

编 著	姜若木	
责任编辑	徐秀琴 昝亚会	
出版发行	北京联合出版公司	
	（北京市西城区德外大街 83 号楼 9 层 100088）	
印 刷	北京洲际印刷有限责任公司	
开 本	710×1000 毫米 1/16	
字 数	186 千字	
印 张	16.5	
版 次	2011 年 4 月第 1 版	
印 次	2022 年 2 月第 2 次印刷	
书 号	ISBN 978-7-5502-0193-4	
定 价	58.00 元	

若有质量问题，请联系：010-57230022

前　言

　　元朝实质上是蒙古各汗国的宗主国，是蒙古帝国存在于东亚的部分，是一个国中之国。尽管在忽必烈与阿里不哥之间的汗位争夺战以后，使元朝政府丧失了对各汗国的实际控制，但各藩国依旧尊重元朝皇帝在蒙古帝国中的大汗地位，尤其是伊利汗国，其历代统治者都必须得到元朝皇帝的册封，否则就不具有合法身份。因此，在解读元朝的历史时，如果将其与世界史割裂，就无法弄清当时许多事情的真相。

　　在元朝人眼中，他们大汗的天下观要远远超过中国的历代君王，西到多瑙河，东到日本海，北到西伯利亚，南到越南、缅甸，没有一处不受到元人的影响，无不存在着元人的足迹。而元人在东亚地区的实际控制区域"东连高丽，东北至奴尔干，北达吉利吉思，西通伊利、钦察汗国，南接安南、缅国"，这样一个庞大的疆域，也足以傲视汉唐。

　　尽管元朝是一个疆域辽阔的王朝，但其存在的时间相对于汉唐而言是短暂的。从 1271 年，忽必烈改国号为"元"开始，到 1368 年元顺帝北逃，元朝共经历了 97 个春秋。沧桑轮转，在这不到一个世纪的时间里，元朝因它的雄浑与浩瀚，成为了中国历史不可分割的一部分。正是在元朝，行省制度得以确立，中国多民族国家的基础得以奠定，北京的重要地位基本得以巩固（只在明朝初期和民国时期，中国的政治中心曾南移过）；也正是在元朝，中国人的火器、天文学和航海术传到了西方，

而波斯的医学与理财经验也传进了中国。

在元朝，与西方人的交往不再只靠回响在古丝绸之路上的"古道驼铃"，一支控制着整个东亚海域的庞大商队可直抵非洲，扬帆破浪，将瓷器、丝绸、艺术品等货物大量地运往西方。而罗马的教皇与法兰西的皇帝在这一时期也注意着东方的一举一动，用警惕的目光关注着蒙古帝国的动向。

然而，蒙古帝国迅速瓦解了，元朝也没有能经受住一个世纪的风霜。在游牧民族与农耕民族的文化冲突中，在大自然给予的无情灾害中，在帝国内部不断的争权夺利中，在统治者的腐化堕落中，元朝退出了历史舞台，最终消失在了岁月的长河之中。正如张养浩在他的散曲中所写到的，"宫阙万间都做了土，历代兴亡多少恨，王侯将相几风流，回首间，终归繁华一梦遥。"

今天我们来阅读这段历史，就是希望尊敬的读者们，能在茶余饭后的小憩中，对这段历史有一个粗略地了解。如果能够通过了解历史，了解这些帝王将相的功过成败，得到某些启迪，或者产生某种共鸣，抑或得到一些知识，将使作者心中足感快慰。

解读历史，历史早已消失在了昨天，而在那段历史中的无数个鲜活形象，以及那些对后世影响深远的事件，却久远地记载在春秋史籍中。

目　录

斡难河畔纵马扬鞭，一代天骄统一蒙古。

第一章
成吉思汗统一蒙古

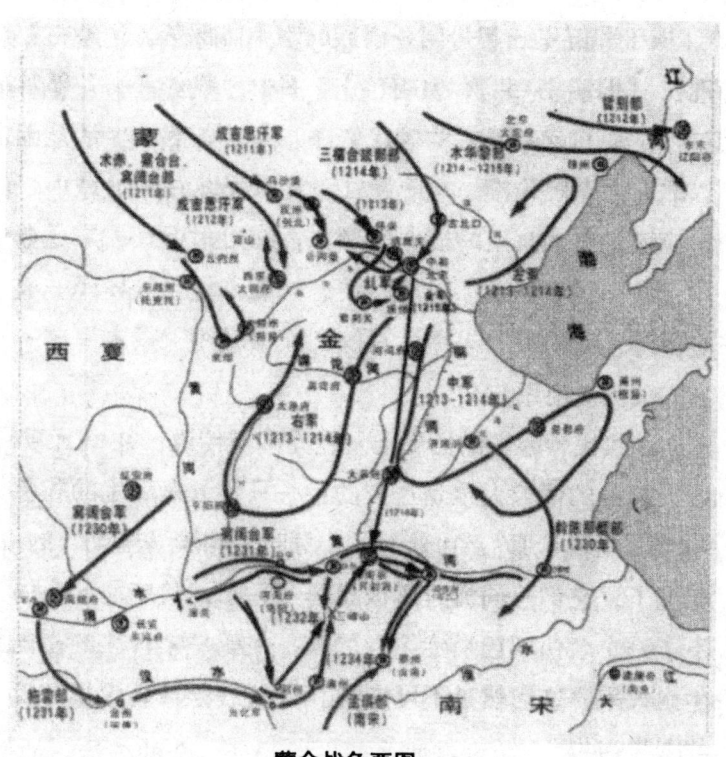

蒙金战争要图

一、蒙古族的起源

追述蒙古族的起源，我们可以从"室韦"这个名字开始，其见于《魏书》，属于和鲜卑、契丹同一语族的室韦各部落。"蒙古"这个名称最早出现在《旧唐书·北狄·室韦传》，书中记载着室韦各部落中的一部"蒙兀室韦"。蒙兀就是蒙古的唐代音译。室韦各部的生活范围在今天的洮儿河以北，西至呼伦湖，东至嫩江，北至黑龙江的地域内。就蒙兀室韦而言，应该是在大兴安岭以北的额尔古纳河附近。在宋辽金时期的汉文史籍中开始出现"萌古"、"朦骨"、"蒙古里"等异译。成吉思汗建国后，金国降人在协助写书中，写汉文文书时用"蒙古"这一译名，从此这一名称被统一使用。

不过在游牧民族起源的历史上总是充满了传说。在《元朝秘史》上讲述蒙古人起源的情节大致是这样的：一只奉天命降生的苍色的狼，它的名字叫"孛儿帖赤那"，它爱上了一只叫"豁埃马阑勒"的白色母鹿，并和它相配了，它们一同渡过腾汲思海子，来到斡难河源头的不儿罕山下，生下了一个名叫"巴塔赤罕"的人，他就是蒙古族的祖先。狼和鹿结合后生出人来，这当然是不可能的。不过在这段传说里却反映出原始文明中的图腾文化。

公元 10~12 世纪，蒙古高原各部先后受辽、金的统治。他们逐渐西迁，与定居在蒙古草原上的突厥部落相接触，并从原始的狩猎民族转变

成游牧民族，但社会组织形式中仍然残留着相当的原始氏族制度，并对其社会诸方面有着重大的影响和制约。在家庭组织形式中，一个男人，能供养多少妻子，就可以娶多少妻子。长妻的地位在众多妻子中最高。在 12 世纪较大的部落有塔塔儿部(斡孛黑)、泰赤乌部、克烈部、乃蛮部和蔑儿乞部。12 世纪后期，原始的集体游牧方式逐渐为个体游牧代替。私有财产积聚，出现贫富分化，在蒙古氏族成员中产生出显贵家族，其代表人物被称为"那颜"。那颜拥有自己的战士，他们被称为"那可儿"。那可儿为那颜服役、征战，"那颜"则供给他们衣食，并将战争中缴获的物品、人畜作为战利品分发给他们。所以 12 世纪的草原蒙古人既保留着相当的原始氏族制度成分，同时也构建起了简单的奴隶制度。需要说明的是，在蒙古部族的形成时期，那颜的身份与地位都非常高，这一点与成吉思汗建立蒙古帝国以后是不同的。在蒙古帝国时期，那颜也属于统治阶级，但与王子们有君与臣、主与仆的严格身份差

蒙古骑兵用的箭袋

别，大汗是国家首脑，又是全体成吉思汗家族的大宗主，尽管那颜的身份依旧是世袭的，可身份从本质上发生了改变，他们从一个部落中的贵族或首领变成为成吉思汗家族的属民，地位是不可能与他们的主子——成吉思汗的子孙们"齐等"的。

12 世纪的草原蒙古各部间受金国分化政策的影响，为了牧场与人口，相互间不断地进行着灭绝性的厮杀与掠夺。历史上，统一蒙古草原，建立大蒙古帝国的成吉思汗的子孙，他们来源于今外蒙古东北的鄂嫩河（斡难河）与克伦河（怯绿河）之间，属于孛儿只斤氏族中的乞颜部族。在《元史》中记载，成吉思汗（铁木真）的十世祖，也就是前面那个传说中的那只苍狼的第十二代后人，叫孛端义儿。他的母亲阿兰果火原本已生有两个儿子，丈夫死后，在一个神奇的夜晚里，阿兰果火于睡梦中见到一个金色的神人来到她的卧榻前，第二天就生下了孛端义儿。阿兰果火死后，兄弟分家，孛端义儿仅骑一匹"青白马"离去，在茫茫草原上靠夺取苍鹰、恶狼的残羹剩肉为生。后来他在其二哥合秃撒勒只的帮助下，率领族人降伏了一批逐水草迁徙而来的牧民，从此发展起来。

有趣的是，在《史集》中对于蒙古族的起源则有着另外一个传说。据书中记载，传说远古时候蒙古部落在与其他部落的战争中被屠杀殆尽，最后只剩捏古思、乞颜两名男子和另外两名女子，他们逃进了额尔古纳昆山中，也就是今天的大兴安岭的山区中，在那里长久地生息繁衍，他们的后裔逐渐形成一个个氏族。因此，所有的蒙古部落都源出于最初的捏古思和乞颜两人的氏族。与第一个传说相同，在《史集》中也提到了阿兰果火这一传奇女性，同《元史》一样，把孛端义儿作为成吉思汗的祖先。不管怎么说，孛端义儿这个人是应该存在过的，并且从他开始，一直到后来成吉思汗的崛起，这一家族的发展史是漫长而曲折的。

二、也速该的死

也速该是孛儿只斤铁木真(即后来的成吉思汗)的父亲,蒙古部落乞颜部的首领,他骁勇善战,曾获得"把那秃儿"(意为英雄、勇士)的称号。也速该共有六个儿子,铁木真居长。

在历史上,也速该的祖先合不勒汗曾经统一过蒙古部族。有一年,合不勒汗妻子的弟弟赛因的斤病了,他就请了塔塔儿人中的一名巫医来医治。结果巫医的符咒不灵,赛因的斤因医治无效死去了。这使得死者的家人非常愤怒,他们在巫医回去的时候,追上去将他杀死在路上。锢塔塔儿人得知后,其首领木秃儿便带兵前来复仇,被合不勒汗击败并杀死,自此塔塔儿人同蒙古部族结下了仇恨。合不勒汗死后,他的侄儿俺巴孩为汗。俺巴孩希望化解蒙古人与锢塔塔儿人之间的矛盾,决定和锢塔塔儿人的另一支结亲,并亲自把女儿送去。不想在途中,遭到主因塔塔儿人的攻击,自己也被俘虏。主因塔塔儿人把俺巴孩可汗送给了金朝皇帝金熙宗。金人用极具侮辱性且残忍的方法,把他活活地钉死在木驴上。

此后,忽图剌被推选为可汗,开始了对锢塔塔儿人的复仇战争。忽图剌共对锢塔塔儿人进行了 13 次复仇性的战争,但成效并不是很大。倒是忽图剌的侄儿——乞颜部的也速该在这场复仇战中崭露头角,他于1167 年率领部众击败锢塔塔儿人,并活捉了一个叫铁木真兀格的塔塔儿

勇士。也速该敬重勇士，在返回营地后，他的妻子诃额仑刚好生下一个男孩，也速该就索性给自己的儿子起名铁木真。这个男孩就是后来的"一代天骄"——成吉思汗。

在这里我们需要提到一个人，这个人在成吉思汗长大成人以后，统一蒙古草原

成吉思汗像

的过程中处于举足轻重的地位。他就是克烈部首领王罕。克烈部是辽、金时期蒙古草原上最强大的一部，蒙古人的一种。他们可能是最早迁入漠北草原的室韦部落，由于与当时统治蒙古草原的突厥族人接触频繁，突厥化程度很高，社会发展水平远高于蒙古其他部落。克烈部的首领王罕原名脱斡邻勒，当他的父亲死后，汗位本应该传给他的兄弟，但脱斡邻勒采用阴谋杀死了他的两个弟弟台帖木儿太子和不花帖木儿，夺取了汗位。并且向他的另一个弟弟也力可哈剌下手，也力可哈剌投奔了乃蛮人，得到了乃蛮人的帮助。同时脱斡邻勒的叔叔古儿罕对他的卑劣行径也十分不满，与也力可哈剌一起驱逐了脱斡邻勒。当时跟随脱斡邻勒的只有100余人，他向也速该提出了请求，得到了也速该有效的帮助。也速该帮助他打败了敌人，恢复了汗位。有一种说法是在这以后他们结成了"安答"，也就是"生死朋友"。从此脱斡邻勒势力日盛。1196年，他协助金人镇压了塔塔儿部的叛乱，被封为王，遂称王罕。这也就是后来他为什么会帮助处境困难的铁木真

去打败蔑儿乞人的原因。

　　光阴飞度，自铁木真出生算起，九年的时间过去了，铁木真已经从一个只会啼哭的婴儿长成为一个健壮的男孩。按照蒙古当时的风俗，9岁的男孩子就需要为他物色将来的妻室了。蒙古人实行族外通婚的风俗，于是也速该带他到弘吉剌部的斡勒忽讷兀惕氏族去向特薛禅求亲。特薛禅同意了也速该的请求，将10岁的孛儿帖许给了铁木真。按蒙古人的习惯，定亲后男孩要留在岳父家住上一段时间，也速该就将铁木真留在了弘吉剌部。归途中，也速该在扯克扯儿遇着一群正在举行宴会的钢塔塔儿人。依照草原部落的习惯，路人途中遇到宴会，必要下马饮酒以表示对主人的尊重，也速该就下马参加了宴会。不想钢塔塔儿人中有人认出了这位来宾就是杀死他们无数族人的仇人也速该。在仇恨的唆使下，钢塔塔儿人竟然在食物中下了毒，当也速该察觉时，为时已晚。三天后，也速该回到了家，此时毒发，他赶紧叫人去弘吉剌部把铁木真接回，可还没等派遣的人出发，也速该就已经撒手人寰了。

　　也速该一死，他的部众便抛弃了他的妻室和幼子，带领人马各奔东西了。原来俺巴孩死后，泰赤乌贵族为推举首领发生内讧，争议不决，最后由俺巴孩的侄子塔儿忽台当了首领。他们仍与乞颜氏结成联盟，拥戴忽图剌，共同对付金人和钢塔塔儿人。但在忽图剌死后，联盟即出现分歧，未能推举出共同的首领。结果，也速该刚死，蒙古部族内部就出现了分裂，他的部众多投奔了泰赤乌。所以也速该并没能称汗，他只是乞颜部的首领，最高称号是"把那秃儿"。

三、铁木真踏上征程

对于成吉思汗而言，他的少年时期是不幸的。在得知父亲也速该的死讯后，他便匆忙地赶回了部落。但是很快，他们孤儿寡母的处境就开始恶化了。也速该在未死之前，凭着他个人的威望，曾经把若干同种的氏族团结在乞颜部的周围。可是他一死，泰赤乌人就企图恢复他们的首领俺巴孩所一度享有的权利。

在也速该死去一年后的春天，蒙古人像往常一样祭祀他们的祖先，在祭祀的最后会有一个仪式，把祭祀时用的祭肉分给部族中参加祭祀的每一个人，按照身份的不同，分得的祭肉自然也有多寡之分。诃额仑作为也速该的女人，铁木真的母亲，乞颜部当时实际上的领导者，本应分到属于她和她的家人的那一份祭肉。俺巴孩的两个寡妇，斡儿伯和莎合台作为部族中的两位长者主持了这次祭祀，而她们却没有通知诃额仑，并以缺席为由没有分给诃额仑祭肉。目的非常明显，她们在排挤诃额仑。诃额仑知道后，明白自己的处境，她愤怒地说："也速该是死了，但是你们以为他的儿子们就长不大了吗？你们不请我来，不通知我，你们是不是要起营，并将我抛下？"事实正是如此，他们确实决定将诃额仑母子抛下。第二天破晓的时候，泰赤乌族卷起营盘，遗弃了诃额仑母子。

这一时期，铁木真在他坚强的母亲诃额仑的带领下，同他的弟弟妹妹们一起住在斡难河一带，日子过得非常穷困，甚至要靠采集野果、钓

鱼捕鼠为生。在艰苦的环境中，铁木真和他的兄弟们过早地成熟了起来，也懂得了生活的艰苦和团结的重要。

但当时的铁木真毕竟还是一个孩子，作为长子，他懂得权力的重要，但却并不清楚应该如何团结他的兄弟们。铁木真有五个弟弟和一个妹妹，其中别克帖儿和别勒古台并不是诃额仑所生，而是也速该的一个妾室的儿子。当时他们的牲畜都已经被部众带走了。没有了牛羊马匹，兄弟几人每抓到一条鱼，捕到一只草原鼠，对于一家数口人来说都是宝贵的。在这种情况下，别克帖儿和别勒古台兄弟两人却经常抢夺盗取铁木真兄弟们捕获的猎物。不过别克帖儿和别勒古台兄弟两人也只是孩子，他们只是因无法忍受饥饿做出了不应该做的事情，需要的是正确的教育。可惜的是当时的铁木真还不明白这些，十岁就成为一家之主的他，实行了他幼稚且无情的惩罚——他用弓箭射死了别克帖儿，他同父异母的兄弟。

别克帖儿死后，铁木真受到了诃额仑的严厉批评，并大约被孤立了四五年。这让这位小统治者得到了教育，而另一件事情的发生则让他知道了朋友的重要。

事情还是发生在泰赤乌人身上，他们确实害怕报复。四五年的时光过去了，他们又回到了当年遗弃铁木真母子的地方，来查看也速该的儿女。当泰赤乌人发现六个儿子中的五个活下来并已长大成人时，他们包围了诃额仑的营帐，要求交出长子铁木真，也许是想要将他作为人质。那时的铁木真大概十四五岁，他的另一个同父异母的兄弟别勒古台不计前嫌，帮助他逃入了一片密林。在那里铁木真隐藏了九天，最后为了寻找食物被泰赤乌人发现并抓住，带上了枷具，成为了一名小囚犯。

在被泰赤乌人关押的那一段时间，每天晚上都由不同的人看守铁木真。一天夜晚，泰赤乌人举行宴会，看守铁木真的是一个没有经验的年轻人，铁木真就利用这个机会用木枷砸晕了看守，脱身逃走了。看守很快就清醒了过来，并发出警报。泰赤乌人开始搜捕铁木真，但在月光下，一切都看得十分模糊，为铁木真逃走提供了方便。他先是躲到斡难河边

成吉思汗骑射图

的树林里面，后来他跳入河水中，只把脸露出水面。然而这一切都没有逃过速勒都思部人锁儿罕失剌的眼睛，他发现了铁木真。值得庆幸的是，锁儿罕失剌的心是向着乞颜部的，他喃喃自语地走过河边，用高得铁木真足以听得见的声音说："不要动，我绝不会将你交给他们。"接着他走了过去，没有停留。并设法让泰赤乌人听从他的话，把搜捕的事延迟到第二天进行，使铁木真利用这段时间躲到了他的家里。铁木真逃走三天以后，泰赤乌人的搜捕一无所获。"一个带着枷具，没有马匹，十四五岁的孩子能逃多远呢？"他们开始怀疑曾经劝说暂停搜查的锁儿罕失剌，来到他的家中搜查。泰赤乌人搜遍了锁儿罕失剌家的每一个角落，最后把目光盯在了一辆盛满羊毛的车子上。确实铁木真就躲藏在羊毛堆里。这一刻应该说是铁木真一生中最危险的时刻，幸运的是，机智的锁儿罕失剌用他的愤怒解决了这一危机。就在泰赤乌人用马叉拼命刺击羊毛堆的一刻，锁儿罕失剌瞪圆了眼睛怒吼道："这样热的天气，什么人能够藏在新剪的羊毛里面而不闷坏呢？"由于泰赤乌人并没有证据，他们也不想和一个蒙古部族中的那颜有什么冲突，只好带着疑惑离去了。锁儿罕失剌明白，"恶狼盯上了兔子是不会轻易放过的"，他送给铁木真一匹雌马，一些煮熟的羊肉，一张弓和几支箭，让他赶快回到母亲和兄弟身边，离开这块是非之地。

经历了这些变故之后，铁木真和他的一家人移营向不儿罕山伶天的

肯特山。在这里他遇到了他一生的挚友博尔术。时间一天天过去，随着孩子们一天天的长大，铁木真一家的日子又好了起来。铁木真想起了先前父亲为他订立的婚约。他带着别勒古台，前往特薛禅家里。特薛禅看见高大强壮的铁木真，"他很快乐"，不爽前言，将美丽的孛儿帖嫁给了铁木真。不久，孛儿帖的母亲搠坛亲自将女儿送到了铁木真家，同时带去了一件黑貂皮大衣，作为嫁妆送给了诃额仑。通过这次联姻，铁木真不仅得到了一位聪明坚强的美貌妻子，更重要的是这标志着他的家族又重新建立起了与老盟友弘吉剌部的联系，那个被孤立与抛弃的时代终于结束了。

婚礼一结束，铁木真就把注意力转移到了恢复他的家族在蒙古部落中的地位上。为了达到这个目的，他想到了父亲的"生死朋友"——克烈部的首领王罕。他亲自来到克烈部，将孛儿帖的嫁妆——那件黑貂皮大衣作为见面礼送给了王罕。这时候，对于铁木真来说，王罕就"像一位父亲"。铁木真提醒这位首领，作为父亲也速该生前的安答，应该兑现他先前的承诺。王罕也承认了这一请求的合理性，同意帮助铁木真招集离散的部众。得到了王罕的帮助，也速该死后离散的部众开始回归乞颜部，铁木真的追随者人数大大增加了。

与王罕会面回来后不久，蔑儿乞人在得知铁木真新婚的消息后，袭击了铁木真的营地。原来蒙古人有抢婚的习俗，铁木真的母亲诃额仑本来是蔑儿乞人的妻子，当年在新婚时被也速该掠走。这一次，为了报复，蔑儿乞人也劫走了孛儿帖。

对于铁木真来说，这简直就是奇耻大辱。他向王罕和他的安答札答阑部的首领札木合寻求帮助，都得到了肯定的回答。在愤怒中，铁木真经过了九个月的准备，在 1184 年，乞颜部、克烈部和札答阑部的联军向蔑儿乞人发动了进攻，成功地击败了蔑儿乞人，夺回了孛儿帖。这一胜利使成吉思汗掠得大量的财物，并且获得了很大声望，大量的部众开始聚集到他的麾下。从此他踏上了逐鹿蒙古草原的征程。

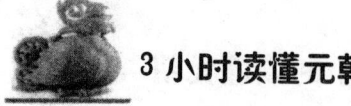

四、铁木真统一蒙古草原

在击败蔑儿乞人后，铁木真和他的安答札木合本打算共同开创事业，但两个男人都是胸怀大志的人，就像天上不能同时存在两个太阳一样，他们很快就分道扬镳了。

说起来铁木真和札木合也算是亲戚，不过没有血缘关系。这就又要提到铁木真的十世祖孛端义儿。铁木真的这位靠吃狼食生存下来的祖先曾经劫来一位妇人做自己的老婆，可没想到这位妇人在被劫时已经怀上了前夫的孩子。后来孩子生了下来，即是札木合的祖先。因此在重视血缘传承的蒙古民族中，无论札木合领导的札答阑部多么出色，也难以服众。

当时乞颜部和札答阑部驻扎在一起。一天札木合突然对铁木真说："咱们如今挨着山下，放马的把帐房位挨着涧下，放羊的就有食物吃。"这一下把铁木真弄糊涂了。他回到家里把事情和母亲、妻子说了。诃额仑没有回答，孛儿帖却说出了其中的含义。她对丈夫说："人们都说札木合安答喜新厌旧，如今说这话，区分放马的、放羊的，分明是厌倦了和咱们在一起，说不定还想图谋咱们。咱们还是早点离开吧，不要落入他的算计。"孛儿帖的话并非无的放矢，铁木真也感觉到了札木合对自己的态度日渐冷淡。这主要有两方面的原因，一方面是铁木真在王罕的庇护下实力日渐强大；另一方面则是铁木真在部族内进行一系列的改革，

集中了自己的权力，也废除了很多旧的部族制的传统，这些都是札木合不能接受的。铁木真经过仔细考虑后，连夜率众离开了札答阑部，而札木合也没有去追铁木真。就这样，两个生死朋友分道扬镳了。

决裂后不久，铁木真于1189年在"蓝湖"的岸边，召开了一次忽里台大会，被推举为汗，同时他表明了他想做全蒙古人领袖的愿望。随后铁木真立即开始了他的"改革"。他将军旅、后勤、民政等事务分设为十种职务，用他的弟弟和亲信管理这些职务。这样一来他的军队就更容易指挥作战了。同时为了得到克烈部的支持，在就任汗位后，铁木真马上派人向王罕报告，取得了王罕的承认。

在札答阑部中，半数的部众是也速该的旧部，而铁木真的追随者又偏偏多是由札木合的属民投奔而来的，因此，铁木真的进一步强大就对札木合构成直接的威胁。恼羞成怒的札木合就派他的弟弟去抢掠铁木真的马群，不想却被看守马群的人给射死了。这一不幸的结果导致兄弟间的摩擦升级为不可调和的战争。札木合联合泰赤乌贵族，发兵3万进攻铁木真。铁木真得到消息后，将部众和各家贵族的兵力组成13个古列延(营或圈子)应战。因实力相差悬殊，铁木真率众退避。但第13古列延的捏古思部未能走脱，遭到札木合的血腥洗劫。然而在这场战争后，由于铁木真对部属采取仁义笼络，而泰赤乌贵族却多横暴骄恣，归附铁木真的人反而多了起来。

1196年，金人发兵征讨扰边为患的塔塔儿部，传檄草原诸部助讨。塔塔儿部在今克鲁伦河地区被金兵击溃，余部逃奔至斡里札河。铁木真听到这个消息后，和王罕合兵一处，协助金兵夹击塔塔儿残部，大获全胜。这一举动沉重地打击了东邻世仇——锢塔塔儿人，使其一蹶不振，并且为铁木真在蒙古各部中赢得了"为父祖复仇"的声誉。在铁木真地位大大提高的情况下，他乘胜消灭了亲族中长支贵族主儿勤氏的势力，为自己日后登上蒙古大汗的宝座扫清了障碍。

与此同时，金人从1195年至1198年，对不服从其命令的塔塔儿、

合答斤、撒勒只兀惕、弘吉剌等部进行了三次大规模讨伐战。就在这些部落受到削弱的同时，金人也伤了元气，不得不将防线内移，为铁木真统一蒙古草原提供了极好的客观条件。1200 年，铁木真与王罕的联军先后击溃了泰赤乌、合答斤、撒勒只兀惕以及朵儿边、塔塔儿、弘吉剌等部的盟军。1201 年，铁木真在海剌尔河支流帖尼火鲁罕，大破由札木合纠集的散败部落所组成的盟军。第二年的春天，铁木真再次对塔塔儿人用兵，进行灭绝式的打击。在出兵前，他颁布了一道重要的札撒(命令)："战胜时，不许贪财，既定后均分。若军马退却至原排阵处，要再次返回力战，若至原排阵处不返回者，斩。"这条命令的颁布是一个标志，说明旧式的部落联盟式的军事体制将结束，而一支由统一汗权所指挥的武装力量正在开始建成。这一年的秋天，铁木真和王罕的联军又在阙亦坛的荒野，重创了乃蛮部和札木合诸部组成的联军，自此彻底完成了对蒙古草原东部地区的控制。

看到铁木真势力的逐渐壮大，王罕也开始感到了恐惧。早在 1200 年，萨里川与铁木真聚会时他就想要除掉铁木真，但阴谋泄露，未能成功。击破乃蛮等部的联军后，铁木真希望缓解和王罕之间的矛盾，于是，派人为长子术兀，向王罕的儿子桑昆的女儿求婚，不想却遭到了拒绝。这时候札木合与其他受到铁木真打击的蒙古贵族，都投附到了王罕一边。他们为了复仇，也力劝王罕

蒙古军攻击图

攻打铁木真。于是，王罕父子和他们一起密谋，决定假许婚约，请铁木真来赴宴，在宴会上乘机将他捕杀。就在铁木真犹豫是否赴宴的时候，王罕做贼心虚，以为又一次泄密，竟然首先对铁木真发动了攻击。双方在今内蒙东乌珠穆沁旗北境的合兰真展开激战。铁木真战败，跟随他逃出来的仅有 2000 余人。他们在班朱尼河畔安下了营，靠打猎和喝浑水为生。这段时间，是铁木真在统一蒙古过程中最艰苦的日子。他发誓要与一同饮过班朱泥河水的人同甘共苦、成就大业。当他完成统一大业以后，果然兑现了他的诺言，把"同饮班朱泥河水"的人都封为了功臣。

合兰真之战后，铁木真派人向王罕求和，以麻痹对方。骄傲的王罕果然中计，对铁木真放松了警惕。没多久，王罕与投附他的蒙古族之间就发生了分裂，致使一部分贵族又归顺了铁木真，札木合则投奔了乃蛮。这一年的秋天，铁木真的力量已经恢复，重新回军斡难河畔，寻找与王罕决战的机会。这时候，铁木真的二弟遭到王罕军的袭击，仅他一人幸免遇害。铁木真就以二弟名义遣使向王罕表示要赤诚归附，再一次麻痹王罕，同时率军出击，出其不意地包围了王罕的驻地。当时王罕正在驻地欢庆胜利，毫无提防。王罕慌忙应战，在激战三天三夜后，主力被击败，他只得狼狈西逃。在乃蛮境内，被守将当作是盗贼给击毙了。他的儿子桑昆听说父亲死了，只好逃奔西夏，却被驱逐了出来，最后在逃到今新疆库车的时候，也被当地首领抓住杀死了。克烈部的残余势力也都投降了。这一战，铁木真取得了统一蒙古草原的决定性胜利。

克烈部败亡后，乃蛮部的太阳汗感受到了来自草原的威胁。他决定亲自讨伐铁木真。这里出了一个笑话。太阳汗为对付铁木真，派人去约汪古部一同出兵，不想汪古部首领反而把派去的人抓了起来，送到了铁木真那里，并接受了约定，掉过头来迎战太阳汗的军队。

1204 年夏初，铁木真军与乃蛮部联军在斡难河东面的纳忽昆山摆开了战阵。这一仗打得十分滑稽。太阳汗是一个从来没有上过战场的人。就像他儿子屈出律说的那样："从来没有骑马到过比孕妇更衣所到的更

成吉思汗统一漠北图

远的地方，或比牛到它吃草处更远的地方!"仗还没有打，当他看到蒙古人的军队时就害怕了起来。马上让军队向后退回来。而札木合呢，他断定乃蛮人必败无疑，早率领各部军抛弃了太阳汗而临阵脱逃了。临走的时候他给铁木真捎去口信，告诉铁木真乃蛮人士气低落，并说明："由于我对太阳汗所说的话，把太阳汗吓得昏了过去。乃蛮人已经退过山岭。他们再不想作战了。但是你，我的安答，一切要谨慎啊!"这以后，经过了一天的鏖战，乃蛮军彻底溃败，太阳汗因受伤被擒，不久就死去了，他的儿子屈出律也逃跑了。

在击败乃蛮后，铁木真出兵很快就讨平了帮助乃蛮作战的各蒙古部落。札木合被彻底击败，失去了部众，在逃到唐努山中时，他的五个侍卫背叛了他，将他绑住交给了铁木真。铁木真处死了那五个背叛主人的侍卫，希望重用札木合。札木合说："咱们在少年时代做安答，不能消化的食物一起吃过，不能忘记的话语都曾说过，后来因为被人离间，所以分开了。我想起以前说过的话，羞愧得都不敢和你相见。如今你想要留下我做伴，可是该做伴的时候不得做伴，如今你将百姓收服，大位已定，已无需我做伴了。你要不杀我，就好似衣领上有个虱子，被窝里有根刺一般，反而会日夜不安。"铁木真只好按处死本部贵族的方法，用"不出血绞死"，即裹在毡毯里用巨石震死的方法处死

了札木合。

铁木真终于战胜了群雄，统一了中国北方的大草原。1206 年春，他聚集各部落首领在斡难河源头再次召开了忽里台，铁木真被一致推举为全蒙古的大汗，并且被尊为成吉思汗。蒙古帝国在这一天正式被载入史册。

我们不能否认成吉思汗个人的才能，但也要清楚地认识到，不是英雄在创造历史，而是历史把机会给了了英雄。

13 世纪初的蒙古草原四分五裂，没有一个统一的政权组织形式，在客观上要求一统，加上中原大地与中亚地区同样处于分裂的状态中，这就为这个马背上的民族的崛起创造了外部条件。在 8 世纪回鹘政权统治时期和 10～11 世纪辽政权统治时期，蒙古人的祖先无论多么能征善战，也只能是在突厥人所建立的政权保护下生存，根本无法发展壮大，有时甚至有亡族灭种的危险。另外，如果在中原地区仍然存在着唐王朝一样的强大帝国，即便成吉思汗能够统一蒙古，也会被中原地区遏止住西进的势头。但不管怎么说，历史就是历史，在历史上永远没有如果。也许会有无数个巧合，当这些巧合同时存在时，就导致一个必然的结果。

成吉思汗之所以能够成就他的旷世大业，就是因为在整个欧亚大陆上没有一个强有力的政权。即便是当时的波斯帝国也已经开始衰落，内部政治极为腐败。历史给了成吉思汗这一机遇，他抓住了，这就是他的伟大之处。

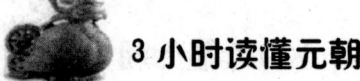

相关链接 ··

成吉思汗小传

　　铁木真是伟大的军事家和政治家，大蒙古国的大汗，被尊称为成吉思汗。他是蒙古乞颜部首领也速该的长子，生于公元1167年冬。他出生后不久，父亲就被塔塔儿人毒死，接着泰赤乌族背叛了联盟，带走了部落中的大多数人和牲畜等财产。

　　这以后他与母亲、弟兄们艰难地维持着生活，有时还会遭到泰赤乌族的袭击，朝不保夕。但这些却磨炼了他钢铁一般的意志，为他长大成人后成就霸业奠定了基础。

　　铁木真成年后，第一件事就是恢复自己乞颜部的领袖地位，将乞颜部众重新聚集到自己的麾下。他与克烈部首领王罕结盟，借助王罕的力量先后击败了蔑儿乞部、塔塔儿部、札答阑部、泰赤乌部，以及蒙古诸部的联军，成为蒙古草原上的一个强大的军事势力。

　　面对着日益强大的铁木真，克烈部意识到了威胁。在投靠克烈部的札木合及王罕的儿子桑昆的怂恿下，王罕于公元1203年春对铁木真发动了突然袭击。双方经过激战，由于铁木真兵力较少，损失惨重，最后被迫败退，所剩部众仅有两千余人。王罕并没有就此放手，他继续追击，两军再次相遇，虽然王罕最后被击退，但铁木真的部下也所剩无几。也许是王罕认为铁木真已经不足以构成威胁了，就此回师。而铁木真在经过这次挫败后，并没有心灰意冷。他一面陆续召集溃散的旧部众，一面收纳那些原来与王罕有仇的部族，力量逐渐恢复。而这时王罕的部众却出现了分裂。铁木真得到消息后，派使者诈称要重叙旧好，同时率军追

随使者之后，悄悄逼近王罕大帐。铁木真成功地向王罕发动了偷袭。经过三天三夜的激战，克烈部最后战败。王罕父子也先后死在了逃亡的路上。

击败王罕父子后，公元 1204 年，铁木真又消灭了称雄于蒙古西部的最强大的部族——乃蛮部，至此实现了对大草原的统一。公元 1206 年，铁木真召集贵族首领们在斡难河源头举行大会，宣布建立大蒙古国。铁木真即可汗位，被尊称为"成吉思汗"。

成吉思汗即位后，借鉴金朝制度，结合草原民族的特殊情况，创立了一整套较为完备的国家制度。他将部众共分为 95 个千户，千户下分百户，百户下分十户，由大汗亲自任命自己的亲信为各个户长，以辖其民。而千户组织本身，又是军政合一的单位。平时游牧、行猎，战时组织军队出征，从而保证了蒙古帝国军事力量上的强大。

不久，成吉思汗又以口谕的形式，颁布了蒙古帝国的第一部法典——大札撒，并将其记录成文字。此后《大札撒》成为蒙古诸汗及元朝诸帝所信奉的不可违犯的法律准则。

统一蒙古草原后，成吉思汗又开始了新的扩张。可以说他的后半生就是在战马上度过的。他把矛头对准了金国和西夏。1205 年，成吉思汗初次率军进攻西夏，掠走了大量民众、牲畜及财物。两年后，成吉思汗正式发动对西夏的战争。1209 年，在中兴城下，蒙古军引黄河之水灌城，结果围堤崩溃，河水倒流，蒙古军反而被淹。成吉思汗在对己不利的情况下，接受了西夏的求和。

公元 1211 年，成吉思汗亲率大军攻金。先后攻克乌沙堡、德兴府、居庸关，直抵中都城下。因见守备严密，未敢贸然攻城，退军而去。公元 1213 年，成吉思汗再次率大军进攻金，在攻打中都城时，遇到顽强抵抗。翌年春，蒙古三路大军汇集于中都城下，迫使金人乞和后，率军北还。

公元 1218 年，成吉思汗先后派往花剌子模国的商人尽遭杀戮，财宝

全被抢夺。成吉思汗派去指责的三个使臣，正使被杀，其余二使被剃去胡须驱逐出境。

这一切激怒了成吉思汗，他登上山巅，祈祷了三天三夜，求神灵佐助，最后，决定不惜一切代价，灭掉花剌子模国。

公元1219年，蒙古军的西征几乎没有遇到什么挫折，长驱直入。第二年，大军越过铁门关，兵分三路，一边攻城略地，一边追击花剌子模统治者摩诃末。摩诃末被蒙古军穷追不舍，最后逃到里海的一个小岛上病死，死时仅以一件衬衣裹尸。

这次西征历时5年，在蒙古帝国扩张的同时也给中亚和西亚的人民带来了灭绝性的灾难。花剌子模国的众多城市被毁为废墟，无数无辜的百姓被屠杀。

回师途中，成吉思汗并没有忘记在对花剌子模国作战时背叛他的西夏国。公元1226年，成吉思汗攻打西夏，迫使西夏国王再次投降。就在这个时候，成吉思汗病死在秦州清水县，临终前他留下遗命：杀死西夏王，尽屠中兴府军民。自此西夏国灭亡。

根据成吉思汗的遗嘱，他的尸体被送回蒙古故土，埋葬在斡难河、怯绿河和土拉河三河的发源地——圣山，不儿罕山的山谷中。

铁骑纵横欧亚大陆，汗位相争风雨帝国。

第二章
蒙古帝国

一、踏破欧亚大陆的大蒙古国铁骑

成吉思汗建立大蒙古国后，立即开始了南侵西征，他后半生的 20 余年(1206—1227)都是在无休无止的征战中度过的。在他病逝后，又经过窝阔台和蒙哥两位大汗的不懈扩张，最终建立起一个横跨欧亚大陆，旷古绝今的庞大帝国，影响了整个世界的发展变化。

1.有仇必报的成吉思汗

在历史上，金人为维护其北部边疆的安定，对草原民族的政策是血腥的。他们一方面利用草原民族各部落之间的矛盾挑起战争，限制其发展；另一方面也时常出兵草原，屠杀游牧民族，控制其人口增长，名为"减丁"。

由于蒙古族领袖俺巴孩汗被虐杀，使金人与蒙古人结下了世仇。成吉思汗建立大蒙古国后，以替祖先复仇为名，一生中曾五次伐金。

1211 年，成吉思汗兵分两路伐金。一路由其本人统率，以哲别为先锋，走西北路；另一路由其三个儿子术赤、察合台、窝阔台率领，以汪古部首领为向导，入金西南路。九月，蒙军前锋突入居庸关，开始攻击金中都。金军据城坚守，由于当时的蒙军缺少攻城经验，一时无法攻克，只好撤军。据《金史》记载，这一年金朝的大片土地，陷入蒙军手中。

1212 年，蒙军第二次伐金。这一次并不十分顺利。成吉思汗在进攻金西京（今天的山西大同）时，中流箭受伤，不得不撤退。反而被誉为"四獒"之一的哲别倒是攻入了金人东京(今辽宁辽阳)。听到成吉思汗受伤的消息后，他掠夺一番，返回了蒙古。在 1213 年秋和 1214 年的春天，成吉思汗又率领军队进行了第三和第四次伐金。到 1214 年六月，第五次出兵时，中都南面的金军将领矶答叛变了金人，他杀死主帅，投降了成吉思汗。成吉思汗立即派兵与矶答等人共同围攻金中都。软弱的金太子得知消息后，竟然逃往了南京。十月，蒙古大将木华黎收降了辽东的高州、锦州等地的金将。

到 1215 年春天，蒙军已陆续收降了金中都附近大小州县的金朝将官，并且击败了前来救援中都的金军。金中都彻底成为了孤城。这一年的五月，金宰相完颜福必眼看大势已去，遂服毒自杀，金军将官纷纷弃城而逃，中都陷

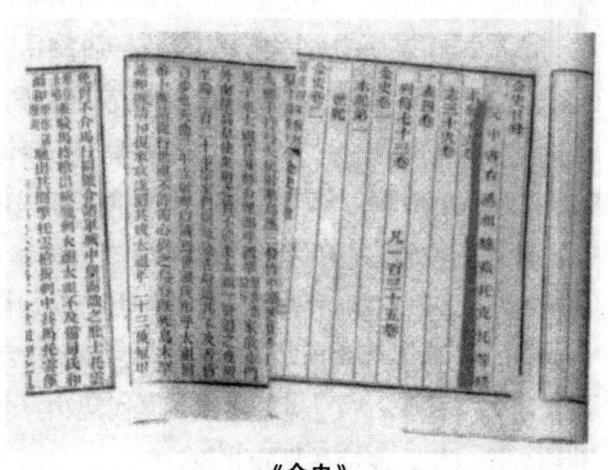

《金史》

落。在这之后，成吉思汗把目光转向了西方。1217 年，成吉思汗将灭金的战事交给了大将木华黎，遗憾的是，在 1223 年 3 月，木华黎渡过黄河后，不幸病卒。当时成吉思汗正在西征途中，金朝就这样又苟延残喘地存在了 10 年。

成吉思汗在与金人战斗前，就已经开始了对西夏的战争。成吉思汗第一次入侵西夏是在建国前的 1205 年。当时蒙古军队为追击乃蛮王子屈出律进入了西夏，虽然没有取得什么大的军事突破，但劫掠了大量的人口和牲畜后，返回了蒙古。后来，蒙古军以西夏不肯称臣纳贡为名，于

1207 年秋，再次发兵劫掠了西夏边境地区。成吉思汗这两次攻击西夏并不是简单地扩张领土，而是为了解西夏的势力所进行的军事试探。成吉思汗之所以这样处心积虑地要西夏臣服，是有着更深远的战略目的——他不希望在与世仇金人交战时，侧翼会受到西夏人的威胁，以至陷入两线作战的被动境地。因此，成吉思汗决定首先对西夏深入用兵。1209 年春，他第三次发动对西夏的攻击。大军势如破竹，长驱直入，围攻夏都中兴府。在危急时刻，夏襄宗向金国求援。没想到目光短浅的金卫绍王认为"敌国相攻，吾国之福"，竟然拒绝出兵。可见，卫绍王确实是一个平庸的君主，他这一目光短浅的决定将对后来的历史产生巨大的影响。

毫无后顾之忧的成吉思汗，在这一时刻已下令筑堤，引黄河水淹中兴府。由于当时习于放牧的蒙古人还不善筑城，结果闹出了笑话。蒙古人水淹中兴府，两个多月后，中兴府城墙被浸泡得随时都有坍塌的可能。就在这关键的时刻，蒙军自家修筑的外堤却先行溃决了，大水反淹了围城的蒙军。成吉思汗在策略上没问题，而技术上出问题，造成损兵折将的情况下，只好停止了进攻。他并不甘心就这样撤退。成吉思汗很清楚，中兴府内的西夏人这时也很惊慌，经过分析后，他作出了正确的决定，改用了外交战术。成吉思汗逼迫夏襄宗以纳女称臣入贡为条件，签订了和约。第二年，他带兵凯旋北还。

蒙军入侵西夏

通过这次对西夏出兵，成吉思汗成功地达到了战略目的，不但可从西夏取得大量补给，更阻遏了夏、金抗蒙联盟的形成。后来西夏统治者怀恨金国见死不救，在蒙古攻金的时候时常深入金境，攻城掠杀。金国也不时地予以反击，结果弄得两败俱伤，十几年后，被蒙古人先后灭亡。

2. 花剌子模的贪婪

历史上许多灾难的发生往往是因为某一个人的愚蠢行为所导致。当成吉思汗统一整个蒙古草原，将长鞭指向金人与西夏的时候，他的目光并没有投向遥远的中亚地区，最多也就是想让蒙古铁蹄踏上西辽国的土地，因为乃蛮人的王子屈出律逃到了那里，并篡夺了西辽王的权力。可是有一件事情的发生改变了这一切。

1215 年，当成吉思汗攻取金中都的消息传到中亚后，引起了花剌子模摩诃末的注意。花剌子模同大蒙古国一样也是一个新兴的政权，作为和成吉思汗同样的征服者，摩诃末十分想了解在蒙古草原上的这位统治者是否会对他构成威胁。为了证实金中都确实已经被蒙古人攻克，以及探听蒙古国的虚实，摩诃末派出了一个使团和一支商队来到东方。贸易是以游牧经济为主的蒙古国获得手工业制品的重要途径，所以成吉思汗听说了这支来自遥远国度的商队后十分高兴，给予了热情的接待，并为此颁布了一道保护外来客商的札撒。当这支商队走后，为了能和西方国家建立起贸易关系，以取得蒙古帝国必要的生活用品，成吉思汗派出了一个使团回访花剌子模，同时派出一支由 450 名穆斯林组成的商队前去贸易。由于花剌子模是一个信奉伊斯兰教的国家，这样的安排应该能让双方都满意。

但是当蒙古人的商队在到达花剌子模边境城市讹答剌时，预想不到的事情发生了。花剌子模派驻到这里的当地执政长官亦难出看到蒙古人带来的大量金银珠宝时竟然起了贪念。他利令智昏，诬陷商人们是间谍，并在摩诃末默许的情况下，下令处死了全部的蒙古商人，货物自然落入了亦难

3 小时读懂元朝

出的口袋。蒙古商队中的一名驼夫侥幸逃了出来，他跑回成吉思汗面前叙述了所发生的一切。

成吉思汗被激怒了。他出生入死大半生，这种罪恶简直闻所未闻。具有政治家头脑的成吉思汗在这一时刻作出了两手准备。他一面派哲别率军攻入西辽，杀死了屈出律，为将来可能发生的西征扫清了道路；同时他派出使团责问摩诃末。使者见到摩诃末后说："如果贵国王本人从未下达过杀害我国使者、抢掠我国商队的命令，那么就请将讹答刺守将交给我国来处置，否则，就准备迎战吧。"使者说得不卑不亢，表达了成吉思汗的意思。成吉思汗毕竟没有到过西方，他不了解那里的情况。战争不是儿戏，没有胜利的把握他是不愿意轻易出兵的，可要是对方不把人命与尊严当一回事的话，那么他将义无反顾。事实证明摩诃末是一个狂妄自大的人。他斩杀了蒙古正使，又将两名副使剃去胡须，驱逐出境，无视成吉思汗的警告。

这种行为是任何血性男儿都无法容忍的，更何况是"一代天骄"成吉思汗。一切都无法挽回，只能兵戎相见。出征前，成吉思汗登上山顶，脱下帽子，解开腰带，置于脑后，跪伏在地，请求上苍助其复仇。据说他不饮不食，一连祷告了三天三夜才下山。对于这次西征的胜负，成吉思汗确实难以预测。在西征前，他的宠妃也速问他：如果有不幸的情形，什么人可以继承他的事业？为防万一，成吉思汗严肃地回答了这个问题，他确定三子窝阔台为汗位继承人。

1219 年春，成吉思汗召开忽里台，完成了西征前最后的准备工作。他部署了诸子和各万、千、百户长的军事任务。西征军的总数约 20 万人。这支部队与以往的出征部队的构成有所不同。除了骑兵外，还有擅长使用炮石、火器、战舰等武器和习于攻城战的西夏人、金人，以及新归附的河西军、契丹军和汉军。更有特色的是，还有一支由大批能工巧匠组成的"匠军"，也就是今天所说的工程部队。此外，还有一些熟悉中亚地理交通和花剌子模国情的回族商人也应征随军出征。这种构成就使

元·铜火铳

得西征军具有了强大的威力。

当时的花剌子模国有兵力 40 万，可惜的是他们内部严重不和，就是摩诃末本人也要看他母亲的脸色行事。而在军事战略上他们更犯了严重的指挥错误。中亚地区地广人稀，多是广阔的平原。在那里很难找到如中国四川或岭南地区"一夫当关，万夫莫开"的要塞，更没有类似长江的天险可守。在这种情况下摩诃末的儿子札兰丁提出集中全国兵力，以逸待劳，待蒙军到来后与之决战。如果真是这样的话，就算蒙古军队在兵力相差悬殊的情况下取得了胜利，恐怕也会因为损失过大而撤回本土休整了。遗憾的是，在这一关键时刻，摩诃末表现得十分软弱，他似乎惧怕被一次性击败，因为他听到了谣言，在他统治着的区域，一部分反对他的人似乎要发动兵变。最终，摩诃末采取了分兵据守各城抗战的策略，他希望通过这种方法消耗掉蒙古的军队。而事实证明，最后被消耗干净的是他自己本人的力量。40 万大军分散到广阔的中亚平原上的一座座城池之中，结果每一座城池的守备力量都明显不足。经过长途跋涉，略显疲惫的蒙古军队有效地把握住了战机，他们集中优势兵力分割包围了一座座城市，最后各个击破。

对花剌子模的战争自 1219 年秋开始。蒙古人为复仇而来，因此，首先包围了讹答剌城。亦难出率领数万强兵，凭借坚固的城防，使蒙古军队一连数月都无法攻克。蒙古大军长途奔袭，久攻不克对蒙古人是十分

不利的。于是，成吉思汗下令分兵四路，留次子察合台和三子窝阔台继续围攻，其余二三路兵马长驱直入，攻击花剌子模腹地。摩诃末分兵抵御，结果大败而逃，当他逃到首都撒马尔罕时望着城壕叹息说："蒙古人太多了，投下鞭子就能填塞壕沟。"就这样，摩诃末放弃了都城，狼狈地向西遁逃了。不过，他十分倒霉，成吉思汗命令哲别与速不台率领一支军队全力追击摩诃末，并下令"不管他死活都要将他带来"。这样，这位花剌子模的统治者无论逃到哪里，蒙古军都紧追不放，最后他于 1220年 12 月因绝望与疾病死在了里海中的一个小岛上，仅以一件衬衣裹尸。

首都撒马尔罕在 1220 年 3 月被攻克。城破之后，蒙古军对城市进行了残酷的屠杀，居民除了有工匠资格的人外全都被杀死，工匠被发往蒙古。撒马尔罕的宗教领袖并没有抵抗，因此，他们活了下来。不过在大规模的屠杀后，据说留下来的居民几乎还不能住满城市的一角。

察合台和窝阔台则在分兵几个月后攻克了讹答剌，将亦难出活捉。他们把亦难出押到成吉思汗面前。成吉思汗说："你如此贪图财物，竟敢杀害我的使者，好吧，我就让你伴随财物而死。"他命人将白银熔化后，灌入亦难出的七窍中，把他活活烫死了。

到 1221 年底，蒙古铁骑已席卷了花剌子模全境。1222 年春，成吉思汗率军追击札兰丁余部至印度。同年秋，回师撒麻尔干驻冬，后听闻西夏有变，才决意东归。在这段时间里，哲别与速不台的部队进兵到高加索、黑海北岸地区，一路劫掠蹂躏至俄罗斯南部，1223 年冬返回与成吉思汗会师，直到 1225 年春才回到蒙古。

3. 哲别和速不台

成吉思汗手下有四员大将，号称"四獒"，他们分别是哲别、速不台、者勒蔑和忽必来。四将中以哲别和速不台最为出名，这可能和他两人的西征经历有关。

"四獒"之一哲别，原名只儿豁阿歹，本是札木合的部下。1201 年，

成吉思汗大败札木合联军。只儿豁阿歹在战斗中十分勇猛，尽管战败，依旧以其精熟的箭法射杀了成吉思汗数名部下。当时，在追击札木合残部时，成吉思汗将自己的爱马，一匹黄毛、嘴唇雪白、可日行千里的宝马借给了大将博尔术，叫他带人入林搜索。不想在博尔术追逐只儿豁阿歹时却被对方反身一箭正中马的项脊。那马应声而毙，只儿豁阿歹借机迅速逃逸，和一群败兵遁入密林。

成吉思汗见爱马死于箭下，十分心痛，命令部下包围密林。只儿豁阿歹等人在林中箭尽粮绝，只得集体投降。成吉思汗把这群俘虏集中起来生气地问："是谁射死了我的爱马!"只儿豁阿歹毫不犹豫地站了出来，面无惧色地说："是我。如果大汗要处死我，以报一箭之仇，也不过弄脏你眼前巴掌大的地方。如果你不计前嫌，赦我一死，我将为你效命疆场。"成吉思汗本就爱惜英雄，他转怒为喜说："凡是前来降我的人都对以前的所作所为讳莫如深，你有勇气承认杀了我的战马，是条好汉。你既然能射死我的爱马，说明你箭法不错，就改名为哲别（意为箭镞），今后跟随我征战吧。"就这样只儿豁阿歹变成了哲别，变成了成吉思汗的箭镞。

从此他追随成吉思汗东征西讨，在统一蒙古各部的战争中立下了赫赫战功。1206 年大蒙古国建立，哲别、速不台、者勒蔑和忽必来同时被封为千户长，并称"四獒"。哲别成为大蒙古国十大功臣之一。1211 年，成吉思汗南下伐金，哲别作为先锋，克乌沙堡，破五月营，为蒙古大军打开了金人的北方门户，且以诈败的计策，诱使金军出战，最终歼灭金军于鸡鸣山，夺取了居庸关，使蒙古大军可以长驱直入，围攻金中都。

1218 年，哲别奉命率军远征西辽。当时西辽的统治者正是乃蛮太子屈出律。他在成吉思汗灭亡乃蛮后逃到了西辽。西辽国主对他恩重如山，不仅收容了这位无处藏身的人，更把自己的掌上明珠嫁给了他。没想到野心勃勃的屈出律暗中收纳被成吉思汗打散的乃蛮和蒙古部落残众，最后竟然恩将仇报，反客为主，推翻了他的岳父大人的统治。屈出律在西辽的统治倒行逆施。他本是个基督教徒，娶了西辽公主后跟着妻子改信了佛教。在他统治时期，他强迫在西辽国内占大多数人口的伊斯兰教徒改信佛教，这引起了广大伊斯兰教众的强烈反抗。哲别带领蒙古骑兵来到西辽后，立即宣布了宗教信仰自由的法令。这样一来，蒙古军队就成了这一地区伊斯兰教徒们的救星。蒙军所到之处，伊斯兰教徒纷纷起兵。哲别仅以两万兵力就轻而易举地征服了西辽的广阔地域，并杀死了屈出律，将他的首级割下示众。

在哲别占领西辽后，成吉思汗曾经怀疑过他的忠诚。他派人警告哲别"不要狂傲"，因为不论是王罕还是乃蛮人都是因为狂妄自大而灭亡的。而这个时候"四獒"之一的哲别想的却是另外一件事情。他派人在西辽境内找到一千匹白口黄毛的宝马，叫人送给成吉思汗说："偿还大汗当年被我射死的马！"要知道这些都是身材高大的中亚马，要比身材矮小的蒙古马强得多。杀一还千，成吉思汗十分满意，哲别也因战功累累而威震四方。

"四獒"中的速不台(1176~1248)，是与哲别齐名的大蒙古国名将。他是蒙古兀良哈部人，骁勇善战，以质子的身份跟随成吉思汗攻克烈、并乃蛮，统一漠北诸部，战功卓著，有"把那秃儿"之称。

在 1212 年进攻金桓州城时，速不台率先登城获捷。因此功，成吉思汗赐给他一车金帛。1217 年，在消灭蔑儿乞部的战斗中，速不台表现出了杰出的军事才能。他主动请兵，得到成吉思汗的嘉许，赐给他铁轮车。进军蔑儿乞时，速不台装作是一个携家逃亡的人，成功地欺骗了蔑儿乞人。蔑儿乞人信以为真，直到速不台大军进至垂河(今中亚楚河)时，他们仍然毫无防备，最终被全部消灭。

在这场战斗结束后还发生了一段小插曲。花刺子模与蔑儿乞人一直保持着一定的关系。在速不台消灭蔑儿乞人时，花刺子模摩诃末进军至锡尔河以东。在这次出征前，成吉思汗已预见到会和花刺子模军遭遇，所以他告诉速不台："如果遇到花刺子模的军队，不要和它交战。"速不

台是很想遵守命令的，但狂妄的摩诃末自命以真主阿拉的名义首先攻击蒙军。速不台无奈只得被迫应战。结果在速不台机动灵活的指挥下，几乎把摩诃末俘获。速不台之能，由此可见一斑。

1219 年，速不台与哲别两人跟随成吉思汗西征。在西征过程中，两人奉命率领一支两万五千人的蒙军追击战败逃遁的花剌子模摩诃末。他们率领蒙军纵横欧亚草原，为日后蒙军大规模的军事行动奠定了基础，也因此名垂史册。

1220 年春，速不台和哲别得到的命令是追击摩诃末——无论死活。就在这一年的 12 月，这位花剌子模在逃到宽田古思海（今天的里海）上的一座小岛后病死了。正四处打探消息的速不台和哲别得到了这一情报，他们认识到任务发生了改变。他们并没有就此东归，而是率领着军队继续挺进，开始了一种侦察性的长途行军。这一次行军从 1220 年开始，到 1225 年返回蒙古结束，时间跨度将近 5 年。恰恰是这一次远征，揭开了日后蒙古人西征的序幕。在这段时间里，速不台和哲别率领着蒙古骑兵，一路烧杀抢掠，先后攻克了剌夷城、库木、阿哲儿拜占（今天的阿塞拜疆）、屠杀了可疾云城所有的居民，入侵谷儿只（今格鲁吉亚），攻陷哈马丹，击败了钦察突厥人与罗斯人，最后还抢劫了热那亚人的店铺。在这次试探性的行军中，他们把西亚与东欧地区搅了个天翻地覆，许多城市在蒙古铁蹄下变成了废墟。在渡过伏尔加河，打败了保加尔人和乌拉尔山区的康里突厥人后，速不台和哲别决定经锡尔河北岸草原返回蒙古，哲别在归途中病逝。

返回蒙古后，速不台受到了成吉思汗的表彰，《元史》中记载成吉思汗的话是："速不台枕干(盾牌)血战，为我家宣劳，朕甚嘉之。"赐给他大量的珠宝和银罍。后来速不台又追随成吉思汗参加了灭西夏的战争。成吉思汗去世后，他辅佐窝阔台和拖雷，亲自率军渡过黄河攻击金人，于 1232 年 12 月，攻陷汴京，他杀死了金国的全部宗室近臣，把金后妃与宝器遣送给窝阔台。1234 年 1 月，速不台率蒙军与宋军夹击攻下蔡

州，宋军首先入城，金帝完颜守绪自缢身亡，金亡。

灭金以后，大汗窝阔台于 1234 年决定组织蒙军再次西征。这次西征基本上占领了波斯全境，但在与基普人的战斗中受阻。于是，大汗窝阔台又派出了一支由 15 万人组成的联军前去支援，速不台也在这次的援军将帅之列。这次远征从 1236 年开始，速不台同成吉思汗的孙子拔都一同击败了匈牙利人。1242 年窝阔台因饮酒过量而猝死，这一偶然事件拯救了整个欧洲，蒙古各王子纷纷返回本土争夺汗位，速不台也停止远征返回了蒙古。1248 年，他在自己的营地秃剌河去世，卒年 73 岁。元建朝后，速不台被封河南王，谥号忠定。

4.一代名将木华黎

札剌儿氏木华黎是大蒙古国建立后第一个被成吉思汗封王的人。他的父亲孔温窟哇是成吉思汗的部下，在攻击蔑儿乞与乃蛮的战斗中屡立战功。成吉思汗在平定乃蛮后，乃蛮人曾经发动过叛乱，当时成吉思汗只与六名骑士一同逃走，孔温窟哇也在其中。后来追兵近在咫尺，而成吉思汗的马由于长期奔逃，体力透支，突然倒毙，其余五个骑士面面相觑，惊愕不已，而孔温窟哇立即下马把自己的坐骑让给了成吉思汗，使成吉思汗幸免于难。自己则只身抵挡乃蛮人的追兵，力战而死。木华黎是孔温窟哇的第三个儿子，为人性格沉稳坚毅，足智多谋，擅长射箭，能挽二石的强弓。

大约是在 1197 年，孔温窟畦把木华黎和另一个儿子不合选送给成吉思汗做"梯己奴隶"。木华黎随成吉思汗转战南北，出生入死，多次保护成吉思汗免于危难。一次成吉思汗仅率 30 余名骑兵行走在一条山谷中。他回头对木华黎说："在这里要是突然遇到强盗，你会怎么办？"木华黎回答说："那就请让我用身体来挡住他们。"部队行到山谷中心，强盗果然从树林中杀出，木华黎弯弓搭箭，三箭三人。惊得强盗头目高声叫道："你是谁？"回答道："木华黎。"就这样，木华黎慢慢地解下马鞍拿在手

上，用身体护卫着成吉思汗冲出了山谷。

1206 年，成吉思汗建国，第一件事就是任命木华黎和博尔术两员爱将做了左右万户，并对他们说："我能够统一草原，你们是出力最多的。我同你们就好像车与辕、身体与胳膊一样，你们一定要深切体会这一点，不要改变当初的信念。"

从 1211 年开始，木华黎辅佐成吉思汗伐金。他于 1211 年攻取德兴，第二年，他率兵包围抚州，在野狐岭大败金军 40 万。1215 年，蒙军攻克金中都后，成吉思汗在 1217 年 8 月，下诏封木华黎为王、太师，都行省承制行事，赐予他誓券、黄金印。又把弘吉剌、亦乞烈思、兀鲁兀、忙兀等十支部队以及契丹、蕃、汉等部队，一并交给他指挥。成吉思汗对木华黎说："你的封国由子孙相传，世世代代永不断绝……太行山北面，我自己筹划治理，太行山以南，你好自为之吧。"并将自己出行所用的九牌大旗赐给木华黎，对诸将说："木华黎以此旗发出的号令，就像我亲临到场时发出的号令一样。"

元·陶俑

这以后，木华黎改变了蒙古军过去对中原地区单纯的掠夺策略，开始谋求对攻占地区的长久占领。同时，他更加注重以世袭高官等手段去拉拢当地割据武装的头面人物，并招揽任用各族的有才之士，为日后蒙古人入主中原奠定了基础。从 1217 年到 1223 年，他收降了河北、河南和山东等地一些重要州府，几乎扫平了中原地区的金军力

量，基本上将中原平定。在 1221 年 8 月，木华黎率兵经西夏南下，攻占陕西。在 1223 年 3 月，渡过黄河后，木华黎不幸病卒，终年 54 岁。临终前他对儿子说："我为国家建立了伟大的功业，身穿铠甲，手执武器将近 40 年，东征西讨，没有什么可遗憾的，只恨汴京还未攻下！你要努力啊。"至此他带着遗憾走完了他的戎马生涯。

5. 成吉思汗临终的遗言

就在成吉思汗大举西征的时候，发生了两件大事，迫使成吉思汗立即踏上了东归的道路。一件事情是任何人都无法预料到的，另一件他则早就有了思想准备。

第一件是年仅 54 岁的大将木华黎在 1223 年 3 月病死在陕西。这一变故对于成吉思汗来说，事前没有任何征兆，大有点白发人送黑发人的味道。更重要的是木华黎一死，金人就得到了喘息，很有可能恢复力量。第二件事也和木华黎的死有关。长期以来，西夏人的内部政治分成亲蒙与亲金两个集团，政治立场一直在两派间摇摆不定。当一名强有力的蒙古统帅去世了，在外部环境上也就失去了一定的制约，这样西夏很快就倒向了亲金的方向。而在 1218 年，成吉思汗西征前，这一态度就已经有所表现。当时成吉思汗要求西夏派兵一同西征，但遭到了拒绝。权臣阿沙敢不对蒙古使者说："如果你们大汗的力量不足，就不要做皇帝。"成吉思汗无力两线作战，也就把这件事情隐忍了下来。

在木华黎死后，1225 年 9 月，金夏两国达成正式和约，确立两国为兄弟国关系，金为兄，西夏为弟，双方各自保持本国封号。为了防止抗蒙联盟的出现，成吉思汗就必须出兵了。恰恰是在这个关键时刻，又发生了一件意外的事情。这件事情的发生本来可以改变后来西夏的命运，可惜的是阿沙敢不太过傲慢。在蒙古大军进军西夏的路上，成吉思汗狩猎的时候，不慎从马上摔了下来，而且伤得很重。这样一来，为了等待大汗痊愈，蒙古大军不得不停止前进。随成吉思汗一同出征的王妃也遂

把亲王和各那颜都召集到一起说："大汗身体的热度很高。"将领脱栾扯儿必听后提议暂缓出兵，他说："西夏是有城池的，不能移动，如今先回去，等大汗的伤养好了，再来攻取也不晚。"众亲王和那颜也都同意这个提议。而成吉思汗考虑到自己的尊严，说："要是西夏看到咱们撤退了，一定会认为咱们胆怯了，我先在这里养病，差人去西夏，看他们怎么回答先前说过的话再说。"

蒙古使者来到西夏后问："你们曾答应做我大汗的右手，但你们却不去协助我们攻打花剌子模人。现在你们怎么补偿?"西夏君主本来已经准备服罪，权相阿沙敢不态度强硬，他说"如果蒙古人要作战，可来阿拉善，我在那里有营盘，我们较量一下！如果你们要金银绢帛，可以到这里来取。"

受到如此挑衅，成吉思汗再不顾身体的不适，他气愤地对众将说："我虽死也要去问问阿沙敢不。"

1227 年春，西夏已被蒙古大军攻击得无力还击，最后一位君主李睍答应投降，但要求宽限一个月献城（这很有可能是因为西夏人听说了成吉思汗的病情）。成吉思汗没有看到李睍献城，就在这一年他病死于灵州。成吉思汗去世后蒙古军封锁了死讯，李睍在不知情的情况下投降了。就在献城的当天，李睍及西夏王室全部被蒙将脱栾扯儿必杀死。接着蒙古军队对中兴府进行了屠城，存在了 245 年的西夏灭亡了。

成吉思汗病逝前，他已预见到自己的大限将到。临死前，他把随军的儿子和部将都叫到跟前说："金朝的精兵在潼关，潼关北靠黄河，南据华山，我们如果正面进攻，难以一下攻破。如果假道南宋，宋金两国是世仇，宋人一定会同意。这样我们就可以避其精锐，然后从背后发兵直捣汴京。汴京危机之时，金朝必从潼关调兵。而等潼关数十万军兵千里赴援到汴京，人马必然疲惫，疲惫的兵马是没有什么战斗力的，因此，汴京一举可破。"后来蒙国人灭金的方法正是运用这一策略，可以说是成吉思汗军事思想在其逝世后的"成功"吧！

成吉思汗的遗体被儿子们和诸将护送到斡难河与怯绿河的发源地肯特山，他生前选中的地方。在灵柩的护送途中，为防止走漏消息，沿途所遇之人尽被斩杀。下葬后，蒙古人驱赶上万头骆驼将附近踏平，派士兵驻守，待来年长草后才走。因此，成吉思汗墓地的准确位置无人知晓。

6.窝阔台的统治

成吉思汗去世后，由他生前指定的继承人，三子窝阔台继承汗位。窝阔台生于 1186 年，卒于 1241 年，曾跟从成吉思汗参加过攻金、西征和灭西夏的战争。史料中记载他为人敦厚，且有智略，元朝文献中则称他为"合罕皇帝"。

在窝阔台的统治时期，大蒙古国从整体上继承了成吉思汗的遗志，继续进行着征服战争，将领土不断地扩张。

灭金是成吉思汗临终前的战略，也是窝阔台的首要目标。但由于成吉思汗的去世，在 1227 年到 1229 年间，蒙古内部忙于汗位的继承问题，使金人得以喘息。在 1228 年大昌原一战，金军获胜，防务加强，蒙军从正面灭金更为困难。要实现联宋灭金的目标就必先攻取陕西。1230 年，蒙军开始对金人大举用兵。于 1231 年春，蒙军攻下凤翔。同年夏，窝阔台议定分兵三路攻金。1232 年初，窝阔台攻陷河中府，随即与拖雷军会师。4 月，金哀宗乞和，以亲王为质。窝阔台、拖雷北还，留速不台围攻汴京。汴京将士杀死谕降的蒙古使节，军民齐心顽强抵抗，用大量火器击退了蒙军的一次次进攻。尽管如此，由于外援已被蒙军堵塞，城中粮食匮乏，加上入夏后瘟疫蔓延，死者达 90 余万人。无奈之下，金哀宗弃城逃往河南商丘，后又辗转逃到蔡州。金元帅崔立杀死汴京留守，献城降蒙。拿下汴京后，蒙军迅速围攻蔡州，同时遣王子出使南宋，约宋出兵共同灭金。1233 年冬，宋军 2 万，粮饷 30 万石至蔡州，协助蒙古军攻城。1234 年春，蔡州破，金哀宗自杀，金朝亡。

灭金的同时，从 1230 年到 1231 年，窝阔台又派大军剿灭了残余在

窝阔台像

中亚地区的花剌子模势力。在成吉思汗西征时期逃入印度的花剌子模王子札兰丁这次没有能够幸免，被蒙古人追入今天的土耳其东部时，被当地库尔德族人杀死。花剌子模彻底灭亡。在花剌子模灭亡后，蒙古西征军在波斯西部，今里海西南、阿拉斯河下游南立营，以此为据点频频出兵。谷儿只、大阿美尼亚均被先后征服。

蒙宋联合灭金以后，1234 年 6 月，发生了"端平入洛"事件。南宋朝廷想要趁蒙古大军北归之机收复"靖康之变"以前的领土，草率出兵占领了业已残破不堪的汴京、洛阳等城，这给了蒙古人"开衅渝盟"的口实。宋军很快被蒙军击败，自此开始了长达近半个世纪的蒙宋战争。在窝阔台统治时期，双方的战争总体上来说是蒙军主动攻击，宋军时攻时守，各有胜负，成胶着状态。

在与南宋频繁战斗的同时，蒙古人在西面战场上与钦察、斡罗思等公国的战斗也处境困难。为了摆脱西线战场上的困境，1235 年，窝阔台召集诸王大会，发兵 15 万西征。关于这一次西征，我们在前边讲述速不台时已有描述，在下文中将单独表述，这里先点到为止。

窝阔台即位后，在政治上采取了几项重要措施。首先，他颁布了《大札撒》，在成吉思汗成文法的基础上制定了蒙古牧民的牲畜税法。另外，他规定各千户要注意牧地和水源的保护，要选派看守营盘人员管理，制定了距今近 800 年前的"草原可持续发展战略"。同时，由于人民繁

衍，牧地不足，他还特派掌营盘官到沙漠地带掘井引水，以扩大牧场。1234 年后，窝阔台又颁布了一系列的法令以整顿朝会礼仪，加强大汗威严。其次，维护庞大帝国的统治，他还建立了驿传制度，设置了通往中原和西域的驿道，派专人保护，使他的诏令得以顺利传达。

1235 年，窝阔台在鄂尔浑河上游兴建了蒙古帝国的一座都城，哈剌和林城。城

窝阔台即位图

市的规模虽然不大，却是当时横跨东西方的蒙古帝国的政治经济中心，商人往来频繁。除都城外，窝阔台还建了四季行宫。春季行宫在揭揭察哈湖旁，在那里他命回回工匠建造了迦坚茶寒殿；夏季驻地在月儿灭怯土，举世闻名的大金帐就建在这里；秋季驻地在曲薛兀儿湖附近；冬季驻地在今翁金河，那里建立了大型的围猎场。

在窝阔台统治时期最重要的政治策略是启用了契丹人耶律楚材，采用汉法进行了一系列的变革，并制定赋税制度，增加了中央收入。不过，耶律楚材的变革并没有进行到底，因为变法触及了众多以游牧经济为主的蒙古统治集团的利益，加上 1237 年后，窝阔台逐渐沉迷酒色，多不理会朝政，许多变革时期的法令都先后被废除了，耶律楚材也随之失去了在朝中的影响力。

1341 年，窝阔台在狩猎后因饮酒过量而死，史称太宗。

二、风雨飘摇中的蒙古帝国

1.蒙古帝国汗位的争夺

这位蒙古帝国第二代君主的死完全是一个意外。谁会想到他会因为贪杯而离去呢？这一突然事件的发生马上导致了连锁反应，使整个欧亚大陆都能感受到这一变故。因窝阔台的死而受益最多的是欧洲人，尤其是匈牙利人。当时在蒙古大军的攻击下，几乎整个匈牙利都已经沦陷。就在匈牙利人即将绝望的时刻，蒙古人走了，就那么突然，那么让匈牙利人无法理解……可以说是窝阔台的死，或者说是，"酒神"拯救了整个欧洲。

就在欧洲人疑惑、庆幸、震惊，种种感情交织在一起的时候，黄金家族的封王们已经纵马扬鞭，为了争夺帝国的最高权力，向他们的发祥地——斡难河畔挺进了。

成吉思汗在世时对诸弟诸子皆进行了分封。整个大蒙古国实际上是黄金家族的共同家产，随着大蒙古国占领地域的不断扩大，分封的地域也有所调整，这些封国成为大蒙古国的国中之国。成吉思汗去世后，大汗的继承，在形式上要经过诸王、贵族参加的忽里台大会选举，才能取得合法的地位，而实际上，并没有一个稳妥和平的解决机制。因为诸子

和各宗王都拥有自己的地盘、属民和军队。这样一来，大汗宝座最终落入谁手，就取决于诸王实际的力量对比了。因此，在历史上，蒙古大汗位置的继承往往伴随着封王的冲突。成吉思汗去世时，由于他生前的巨大影响，尽管也有人曾提出要拖雷继承汗位，不过诸子们信守承诺，支持窝阔台登上了大汗宝座。窝阔台死后就没有这么幸运了，封王间的矛盾立即显现了出来。

在窝阔台死前，本指定由他的长孙失烈门继承大汗之位。但在窝阔台死后，他的第六位妻子脱列哥那，历史上一般称她为乃马真后，按蒙古习俗进行摄政，以失烈门年幼为由，轻易地否决了这一"指定"，将汗位给予了自己的儿子贵由。

当时，窝阔台的死讯传出不久，成吉思汗的幼弟斡赤斤见汗位空悬，就萌生觊觎之心。他于1243年率领本部兵马向和林开来。脱列哥那听到这个消息后大惊失色，一面调兵防备，一面遣使询问斡赤斤起兵缘故，自称侄媳，词意卑恭。斡赤斤自知争位师出无名，又听说贵由已从西征军中回到了叶迷立，才引兵退回本部。

脱列哥那摄政后，希望由她的儿子贵由来继承汗位，这遭到了术赤的儿子拔都的强烈反对。早在西征时期，贵由与拔都之间为了宴会的座次就发生过争执。在争执中贵由辱骂了拔都，并在事后擅自离开了远征军。回到蒙古后，贵由被父亲窝阔台严厉斥责。窝阔台曾经打算把他发配到边境地区，后来在朝臣的劝说下才宽大处理。也因此窝阔台将汗位传给了年幼的失

藏族生存圈

烈门。

不管怎么说，贵由是一个不称职的领导者。然而，在权力争夺中他得到了掌握蒙古帝国政治与经济大权的摄政者（他的母亲乃马真后）的全力支持，并在 1246 年的忽里台大会上被推选为大汗，暂时取得了汗位，结束了这次汗位争夺。不过，术赤与贵由之间的争端也从这一时刻正式开始。

2.二次西征

前面我们曾多次提到在窝阔台统治时期，大蒙古国的第二次西征。这里我们具体对这次西征的过程进行表述。

继承成吉思汗的遗志，在窝阔台登基的第二年，也就是 1230 年，蒙古就开始对波斯地区有计划地用兵。先后消灭了札兰丁和其他的反对势力，基本上控制了波斯地区。在 1235 年又派大军出征，由于这次西征是成吉思汗的四个儿子中的长子率军出征，所以，历史上也称为"长子西征"。但实际上，发挥重要作用的主要是术赤的长子拔都和成吉思汗时期以速不台为代表的老将们。

1234 年，蒙古人的军事行动在今天的俄罗斯地区受阻。窝阔台于 1235 年召集诸王大会，决定征讨钦察、斡罗思等公国，命各支宗室均以长子统率出征军，万户以下各级那颜也派长子率军从征，总兵力达 15 万。

诸王以拔都为首，以速不台为主帅。1236 年秋，灭不里阿耳。1237 年春，灭钦察；秋，进兵斡罗思，攻取也烈赞城。次年，分兵四路，连破莫斯科、罗思托夫等十余城，合兵攻破弗拉基米尔大公国首府。1239 年又灭高加索山北麓的阿速国，攻入斡罗思南境。在这里蒙古人派出使者到达基辅谕降，结果被杀。1240 年，拔都亲自统领大军围困基辅，四周架炮猛攻。胆怯的基辅王米海依逃到了波兰，留下名将德米特尔领导基辅军民进行了英勇的抵抗。城破后，德米特尔受伤被俘，拔都嘉其忠

勇，赦免了他的死罪，但基辅军民遭到残酷的屠掠。跟着蒙古军继续进攻，在1241年春，再次分兵。一路由拔都亲自指挥，另一路由封王拜答儿、大将兀良合台率领。继续西进，攻占伽里赤，其王逃入马札儿（匈牙利）。

拜答儿与大将兀良合台率领的这支军队一路攻城屠戮，在西里西亚境内的里格尼茨与欧洲联军发生激战，并取得胜利。里格尼茨战役使欧洲诸国十分震惊，感受到了这支来自东方侵略军的严重威胁。可惜由于教皇和德国皇帝的尖锐矛盾，未能采取一致的对策。让拜答儿率领的蒙古军在获胜后，又攻入莫剌维亚，南下与拔都军会合。随即拔都率军在撒岳河畔击溃马札儿军，进拔佩斯城，然后分兵四处劫掠，其中有一支蒙古军队已经进至维也纳附近的诸依施达。1241年冬，拔都大军渡过多瑙河，攻陷格兰城，匈牙利基本沦陷。1242年初，听到窝阔台的死讯后，拔都率军东归。1243年初，在到达伏尔加河下游的营地后。拔都在今天的阿斯特拉罕附近建萨莱城为国都，在这里立国。

3. 贵由与蒙哥的统治

从总体上看贵由是一个平庸的君主。他的统治既短暂又毫无建树。1246年，贵由母亲——摄政的乃马真后通过巧妙手段获得察合台等宗亲赞同，辅助贵由登上了汗位。

贵由是一个有着他祖父成吉思汗有仇必报的性格，却没有他祖父那样的政治头脑与军事才能的人。他即位之初，大权仍操在乃马真后手中，数月后乃马真后死去，他才真正握有实权。他掌权后，首先做的就是处死了法蒂玛和奥都剌合蛮，这些是在他继承汗位前反对他的人。从表面上看，他也做了一些积极的政治举动，如将镇海、牙老瓦赤官复原职，使耶律楚材之子耶律铸承袭父职；下令收了乃马真后及诸王滥发的牌印，禁止无限制搜刮等。但在他心中的第一大事是消灭拔都，而对窝阔台统治后期混乱的政治情况并没有采取有效的措施。

以上举措基本上都只能在指令中落实，并没有被真正地贯彻执行，帝国政事在继续恶化中。

1247 年，贵由下了一个特别的命令。他派野里知吉带为征西军统帅，命诸王于各所属军队中拨发十分之二从征，并授予野里知吉带统辖阿姆河以西各地区和所驻蒙古镇戍军的全权，他人不得干预。很明显，这一举动是指向拔都的，因为这一时期拔都的势力已扩展到高加索地区，而贵由却特别指明这个地区应归野里知吉带管辖，其用意可见。

1248 年初，自作聪明的贵由更撒了个只能骗他自己的蹩脚谎言。他假称要到叶迷立养病，随即率领护卫军西行。哪有养病还要长途跋涉，从蒙古草原骑着马跑到中亚的呢？只要动动脑子的人都能看出，他的真实目的是要去对付拔都。拖雷的儿子蒙哥和拔都的关系很好。蒙哥的母亲唆鲁禾帖尼很快就把这个消息通知给了拔都。拔都得到消息，立即起兵迎战。可是就在这一年的三月，当贵由经过今新疆乌伦古河上游河曲的时候，突然死了。对于这位短命大汗的暴毙有两种说法，一种认为他是被拔都派来的奸细毒死的；另一种说法则有些荒诞，说他是在酒后与拔都的弟弟昔班斗殴中被对方打死的。就算昔班再讨厌贵由也不可能把身为大汗的他打死吧？再说，在大战来临前夕，贵由会糊涂到去与拔都的弟弟喝酒吗？这些就不去研究了，总之贵由死了，这是事实，汗位又空出来了。

贵由死后不久，在拔都与拖雷系的操控下，拖雷的长子蒙哥坐上了大汗的位置。从此，大蒙古国汗位由窝阔台系转移到拖雷系。而在这场汗位争夺中，窝阔台系被彻底击败了，他们的封国被夺取、瓜分，从此以后再不立藩主、军队，除与拖雷家亲善的阔端诸子以外，全被夺走并分配了。

蒙哥在清除贵由朝异己诸臣的同时，开始对窝阔台统治末期政治的混乱进行大刀阔斧的改革。他首先从中央和地方统治机构入手。用原藩邸断事官长忙哥撒儿为全国大断事官，并设置了掌管和林宫阙、帑藏、

斡脱、祭祀、医巫、卜筮、驿传等各部门的官员。随后在中原汉地和西域等地区设置官吏，下设汉文、波斯文、畏兀儿文、藏文、西夏文等各种文字的书记，对地方的赋税征收和官职授予进行管理。

蒙古本土以外各地，仍划分为中原汉地、畏兀儿地至河中地区和西波斯诸州三大区域，设置行政机构进行管理。将前朝及诸王滥发的牌印、诏旨、宣命，一律收回，以后在未经请示朝廷的情况下，不得颁发涉及各地方事务的令旨，不得擅招民户。同时限制诸王、使臣驰驿的马匹数量。然而，由于所任用的官吏多是原来的贪赃之徒，结果新政未见成效，弄得"旧弊未去，新弊复生，其为烦扰，又益剧甚"。

不过在蒙哥统治时期，军事上的扩张还是卓有成效的。

最先是对吐蕃的征服。早在 1240 年，分封到凉州的阔端就遣部将朵儿达率军进入乌思藏，但不久就退回了。1244 年，阔端再派朵儿达入藏召请在吐蕃最有影响的宗教首领之一萨斯迦派座主萨斯迦班智达（简称萨班）。萨班接到召令后，带侄子八思巴和恰那朵儿只一同来到凉州。1247 年，萨班与阔端议定了西藏归附蒙古的条款。1252 年，朵儿伯台率领蒙古军队奉旨进军西藏，完成了对吐蕃的征服。至此，一直处于分裂割据状态达 4 个世纪之久的西藏地区并入蒙古版图。

在 1251 年的忽里台大会上，蒙哥决定了他的两大远征计划，一是西征，一是南进。对于这次由旭烈兀指挥的西征，后文单作表述。南进的战斗由蒙哥和他的弟弟忽必烈亲自指挥。蒙宋战争开始后，蒙古军对宋的战斗一直没有什么进展。忽必烈深知南宋防守严密，一时无法正面进攻，于是奏请蒙哥，先取大理，然后从侧后包抄南宋。得到同意后，1252 年秋，忽必烈率领蒙、汉诸军，以大将兀良合台总督军事。1253 年，蒙古对大理的战争开始，到这一年的冬天，蒙军已经攻到了大理城下。大理国王段兴智与权臣高祥杀死了蒙古谕降使者，出城与蒙军大战，战败弃城而逃。1254 年，段兴智被蒙将兀良合台在昆泽俘虏。到 1255 年，大理国五城、八府、四郡之地相继被蒙古征服。

　　忽必烈平定云南后，回到中原地区自己的封地。他在封地内重用汉臣，实行汉法，这些做法与代表游牧经济利益的蒙哥发生了矛盾。1257年，蒙哥对忽必烈手下的汉臣进行了清洗，一些汉臣被杀死，并迫使忽必烈交出了邢州、河南、陕西三地区的权力，撤销了三司。不过蒙哥没有杀忽必烈。只是解除了忽必烈的兵权，勒令他在家休息养病。不久又恢复了忽必烈的指挥权，要他带兵从江淮攻宋。1258年，蒙哥亲自统兵征宋，7月进发，1259年进入合州，围攻钓鱼城，连攻五个多月，损兵折将。一来暑气太盛，二来在攻取钓鱼城时蒙哥中箭，箭伤复发，蒙哥病死。蒙古军撤围北还，至此蒙宋战争告一段落。

4. 旭烈兀的西征

　　开始于1252年的旭烈兀西征，是蒙古帝国最后一次大规模的西征。这次西征的任务有三项，即征服亦思马因派宗教王国、巴格达和叙利亚。西征军总共10万人，这三项任务在1259年西征结束时已经基本完成。

　　经过漫长的行军，旭烈兀率领的西征大军在1256年6月到达木剌夷境内。首先，对亦思马因派宗教王国发起进攻。亦思马因派教又称为刺客派，他们以暗杀等恐怖方式维系着自身的存在。旭烈兀很快就攻下了麦门底司和阿剌模忒两座城堡。当时，亦思马因派教教主鲁克那丁自知无力抵抗，就派他的弟弟沙歆沙向旭烈兀求和。旭烈兀要求鲁克那丁亲自来投降，但鲁克那丁迟疑不决。11

元·青白釉观音坐像

月，旭烈兀命令蒙古军队发起猛攻，鲁克那丁被迫于 19 日投降。随后旭烈兀派鲁克那丁到各处劝降，并乘势攻下亦思马因派所据各城。战斗结束后，旭烈兀将鲁克那丁遣往蒙古蒙哥大汗处。在被带往蒙古的路上，鲁克那丁被蒙哥大汗派人半路杀死，他的族人也都被处死。亦思马因派宗教被彻底铲除。

铲除了亦思马因派宗教后，旭烈兀于 1257 年 3 月，向伊斯兰教的精神领袖哈里发所在地巴格达进军。在实力上哈里发根本无法和蒙古军队抗衡。可笑的是这一代的哈里发十分平庸，蒙古大军兵临巴格达城下时，旭烈兀对这位阿拔斯家族的第 37 位哈里发说："你知道自成吉思汗以来，蒙古军队给世界带来了怎样的命运？秉承天意，花剌子模王朝、塞尔柱王朝、戴拉木王朝和各阿塔卑王朝遭受了怎样的屈辱？然而，巴格达的大门从未对胜利者关闭过。警告巴格达的统治者，我们拥有强大的力量，不要阻止我们进入巴格达，当心不要以武力反对军旗。"

然而哈里发蔑视旭烈兀的警告。他说："从帝王到乞丐，所有信奉阿拉者，皆为我的臣仆，我可以把他们召集起来。"他说的是事实，但他的恐吓毫无作用，旭烈兀同他的那些信奉萨满教、佛教和聂思托里安教（基督教的一个分支）的将军们对哈里发向他们发出的穆斯林预言毫不理会。

1257 年 11 月，蒙古军开始进攻巴格达。第二年 2 月 10 日，巴格达彻底沦陷。哈里发携族人、教长、官员等三千人亲自向旭烈兀投降。旭烈兀要他下令全城军民放下武器，走出巴格达城。2 月 13 日蒙古人进入巴格达城，违令未出城的市民尽遭屠杀，并放火焚城，进行了持续 7 天 7 夜的屠城劫掠。而那位平庸的哈里发则被旭烈兀强迫交出了他的财宝和说出他所有埋藏宝物的地方，然后和他的长子一起被缝入一个口袋中，在瓦加夫村附近被驱马踏死。经历了 503 个春秋的阿拉伯帝国阿拔斯王朝（黑衣大食帝国）终于灭亡了。

征服了巴格达后，旭烈兀要去征服叙利亚和埃及了。旭烈兀对叙

利亚的战争在 1260 年以大马士革的投降告一段落。因为在这时候，他听说了蒙哥的死讯，旭烈兀率蒙军主力回到了波斯，只留下先锋怯的不花统率 2 万军队继续征进。这一年的九月，怯的不花被马木鲁克击败，全军覆没，从此阻止了蒙军西征的势头。

5.四大汗国的形成

历史上常说的蒙古四大汗国是钦察汗国（也称金帐汗国）、察合台汗国、窝阔台汗国和伊利汗国。其中钦察汗国、察合台汗国和窝阔台汗国是成吉思汗在世时分封给他三个儿子——长子术赤、次子察合台和三子窝阔台的封国，伊利汗国则是由成吉思汗的孙子旭烈兀在西征后，经忽必烈册封后所建。伊利是突厥语，汉文意思是"从属"，从这个名字就可以看出它与元朝的关系。

四个汗国中存在时间最短的是窝阔台汗国。由于贵由死后窝阔台系同拖雷系的汗位之争，加上后来的海都反叛，窝阔台汗国在 14 世纪初就被察合台汗国兼并了。其他三大汗国也分别在 14 世纪中后期和 15 世纪中期因汗位争夺与诸侯叛乱先后灭亡了。

点评

面对蒙古帝国的庞大版图，我们既感到震撼也感到惊奇。一个征服世界的强大民族竟然仅仅在一个半世纪的春去冬来中烟消云散了。为什么呢？答案是：可以以武力得天下，却不可以以武力治天下。

单纯就军事力量而言，蒙古人是强大的，他们有屠戮世界的力量。但要长期稳定地统治他们庞大的帝国，他们却缺少一致的理念、统一的信仰，治国的方术。成吉思汗在世的时候，他的高大身影足以将所有蒙古人团结在一起。而成吉思汗死后，他的儿孙们很快就举起了屠刀相互砍杀起来。也就是半个多世纪，从中国到欧洲，不同地域的蒙古统治者就被当地文化所同化，失去了自己民族的尊严。元朝人信奉起佛教与儒

学，伊利汗国信奉起基督，而中亚各汗国则信奉起了伊斯兰教。黄金家族的子孙们，无论是他们的志向，还是他们的信仰，虽然具有相同的血缘，差别却是那么的大。

世事沧桑，如果蒙古人的文化发达程度也像他们的军事体制一样强大的话，历史就需要重写了。

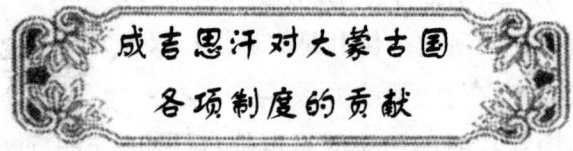

成吉思汗是军事家，也是政治家。他希望建立一个稳定的帝国，他在位时制定了一系列的制度，对蒙古帝国的发展影响深远。

首先，他制定了千户制度。这一编制既是行政单位，也是军事单位，全蒙古百姓都被编入千户。成吉思汗将所有属民都按十、百、千户编制起来。这些千户制按种族关系可分为同族千户和不同部族两类。千户有固定的驻地，各千户由大汗委任贵戚、功臣担任，那颜世袭管领。各千户封地内，由那颜掌管分配牧场，征发赋役，统率军队。高级那颜有参与推举大汗、商议国策、管理国政的权力。隶属于千户的百姓，不论贵贱，都要为国家提供差役，15~70 岁的男子，要自备马匹、武器、粮草服兵役。并且对那些对成吉思汗父子有救命之恩的那颜，成吉思汗封他们为"答剌罕"（自由自在），享有免除贡纳、自由处置战利品和猎物、自由放牧、随时觐见大汗、九次犯罪免罚、宴享时与宗王同遇、封号和特权世袭等特权。

成吉思汗另一项重要的举措是扩充了护卫军。护卫军是一支由大汗直接指挥的常备军。护卫军分宿卫、箭筒士和散班。总数有 6~7 万人，是一支重要的军事力量，是进行对外扩张掠夺的有力工具。

成吉思汗还创造了蒙古文字。他用畏兀儿字母书写蒙古语，从而创造了畏兀儿蒙古文。开始只有 10 个字母，到 13 世纪中后期，发展到 20 个左右。元末畏兀儿语言学家却吉敖斯尔又增加了表示 f、x、gh 等音的字母，进一步演绎成 120 余个音节，并首次指出元音和谐律。文字的创造促进了蒙古文化的发展，使历史记录、法律记载成为可能。忽必烈统治时期，曾创造蒙古新字，但随着元朝的灭亡很快就消亡了。而畏兀儿蒙古字却一直沿用至今。

成吉思汗还制定了蒙古第一部成文法典——《大札撒》。《大札撒》虽不是一部完善的法典，但对蒙古统治阶层有巨大的影响，被奉为至高无上的典律。

重用儒士争得汗位，延续汉法"大哉，乾元"。

第三章
忽必烈建立元朝

一、忽必烈对儒士的重用

在蒙哥成为大汗之前，历史上很难找到忽必烈这个名字。而随着他的哥哥蒙哥的即位，忽必烈这个名字一下子就变得重要起来。1251年，蒙哥命忽必烈总理"漠南汉地军国庶事"，从这一刻起，忽必烈的命运就和华夏大地上的汉室江山紧密地联系了起来。

事实上，忽必烈很早就开始对中原地区进行管理了，只是权限仅局限在他的封地邢州（今河北地区）一域而已。这里要感谢一位伟大的女性，一位哺育出三位大汗，一位汗王的非凡女性——唆鲁禾帖尼。这三位大汗和一位汗王分别是她的四个儿子：蒙哥、阿里不哥、忽必烈和旭烈兀。要说明的是，阿里不哥的大汗位是有争议的，尽管在他与忽必烈进行汗位争夺的时候，远在西方的钦察汗国曾把"大汗阿里不哥"的字样筑在了钱币上，但是他最后失败了，向忽必烈投降了。这里先不说这些。需要清楚的是，忽必烈在邢州的封地是他的母亲唆鲁禾帖尼在说服大汗窝阔台后才取得的。

忽必烈对中原的经营方略有着他自己的特色。这种特色重点表现在他对儒士的重用上。尽管从成吉思汗开始，蒙古人就已经看到了儒士的作用，尤其是在窝阔台统治时期，更重用契丹人耶律楚材制定赋税制度。但从来没有一个蒙古统治者像忽必烈这样系统地吸收汉人文化，重用儒士，倚重儒士。在忽必烈周围，确实聚集了当时最优秀的儒士，张德

辉、刘秉忠、赵壁、窦默、王鹗、郝经、姚枢、许衡、王文统，都是他的幕僚。

在众多的儒士中，对忽必烈起重要影响的是刘秉忠和姚枢。刘秉忠是经高僧海云推荐，来到忽必烈身边的。他多才多艺，不仅诗文绘画一流，更重要的是他懂得天文和术数。刘秉忠对忽必烈说："可以马上取天下，不可马上治天下。"并历数中国历代王朝得失，指出了蒙古旧制度中的弊端，建议采用汉法，整顿政治经济体制。这些建议对忽必烈后来的施政有很大影响。当忽必烈刚到邢州的时候，邢州的状况可用"民生凋敝"四个字来形容。在金人统治时期，邢州有80292户，而忽必烈统治初期这里最多不过700户。他再一次采用了刘秉忠的建议：减轻赋役、招复逃移、整饬吏治，结果"不期月，户增十倍"。姚枢是一位儒士，但在众多儒士中他的主张往往十分务实，姚枢的建议总是隐

忽必烈像

含着蒙古人所能理解的逻辑。忽必烈最初治理中原地区时，民政和军事的权力是统一的。正是姚枢建议忽必烈交出了民政权，只保留了军权。忽必烈采纳了这一建议，结果是在后来忽必烈的改革遭到蒙古贵族的反对时，蒙哥对忽必烈的部下进行了清洗，忽必烈幸运地活了下来，并保住了军事领导权。

1252 年，蒙哥正式给予忽必烈中原地区的管理权力。忽必烈在取得了对邢州地区的治理经验后，又征得蒙哥的同意，将陕西、河南等地划出，设经略司，任用忙哥和儒臣进行治理，兴屯田、劝农耕、立钞法、

通转运、置学校，只二三年就得到了大治，帑藏有余，四鄙不警。这些都为忽必烈后来能够登上汗位奠定了经济基础，当然这一时期他并未想到这些，最多也就是想要成为一名能够自制的藩王而已。

从根本利益的角度说，忽必烈重用儒臣是为了能够在汉地建立起长治久安的蒙古统治政权，因此，他不可能完全信任儒臣。而在军事方面，忽必烈则主要依赖蒙古统帅的建议及辅佐。同样，由于蒙汗思想文化和生活境遇的悬殊，汉族儒士中采取不合作态度的也大有人在。如儒士赵復就是其中之一，他只被忽必烈召见过一次，忽必烈询问他如何征服南宋，赵復的回答是："宋就像我父母一样的国家，没听说过有人会引别人去攻击自己父母的。"

二、忽必烈平定大理

对于这一战役，前面我们已经进行过表述，这里我们再详细叙述一下。因为这场战役对忽必烈非常重要，使得这位日后的蒙古大汗取得了极高的军事声誉，为他成功地夺取汗权奠定了基础。

1252 年 7 月，忽必烈接受了远征大理的命令，但是直到第二年的 9 月他才向大理进军。原因很简单，大理战役的准备对他来讲太重要了，这是他的第一项重要任务，在 36 岁时他终于得到一次进攻极其重要的军事目标的机会。忽必烈不希望看到失败，他要向蒙古人证明自己是有军事指挥才能的，而要想取得蒙古宗室和那颜的认可这是必需的。

大理国是由白族人在后晋天福二年（937）建立起的政权，所统辖的范围包括今天的云南全境和四川西南部，是北接南宋和吐蕃，南部连接东南亚地区的交通要道。为了能够在占领大理后对这一地区进行顺利的统治，忽必烈采用了一定的怀柔政策。

在出征前，他派出三位使者去大理要求其投降，三位使者全被大理国王段兴智和宰相高祥杀死。1253 年夏，忽必烈率军 10 万从陕西出发，出萧关，经六盘山、临洮至忒剌，随即兵分三路南下：兀良合台率西路军，越旦当岭入大理；抄合、也只烈率东路军经茂州趋会川；忽必烈自率中路军，渡大渡河，穿行山谷 2000 余里，抵金沙江畔。同时，大汗蒙哥命汪德臣率军入蜀至嘉定策应。真有点"黑云压城城欲摧"的感觉。

　　大理国王段兴智立即派宰相高祥率军沿金沙江抵御，高通率军至会川抵御。而这时，蒙西路军已攻占丽江，大理军侧翼受到威胁。高祥无奈只得退守大理城。高祥以重兵据守龙首关，迎击蒙军。蒙军三路军会师于龙首关下，集中全力对龙首关发起攻击，全歼大理军主力，随即乘胜攻占大理。段兴智、高祥潜逃。

　　这一次蒙古军没有像以往遇到抵抗时进行复仇性的杀戮，忽必烈下令禁止屠城。为安抚百姓，他还采纳姚枢的建议制作一幅带有禁止杀戮字样的帛旗。1254 年春，忽必烈命刘时中为行政官治理大理，留下兀良合台继续作战，自己率领一部分军马班师。同年秋，兀良合台攻占昆明，招降了段兴智，扫清了大理全境。大理战役结束后，蒙哥汗允许大理国王作为"摩诃罗嵯"继续保留王位。

　　就这样，忽必烈的第一次军事远征取得了全面性的胜利，用事实向蒙古亲贵们展现了自己的军事能力。

三、忽必烈争夺汗位

这是黄金家族内部又一次你死我活的兄弟相残。蒙哥死后，拖雷的四个儿子中的幼子阿里不哥正好留镇漠北。他抓住了这个机会，立即与蒙古各地封王与显贵取得了联系，以蒙古幼子守业的传统为理由，要求召开忽里台大会。阿里不哥很清楚，对他的汗位构成直接威胁的就是他的哥哥忽必烈，因此，他选中在蒙古的本土哈剌和林召开大会，这样就可以迫使忽必烈离开他的势力范围，逼迫他就范了。

这个时候忽必烈正在率领蒙古的精锐部队在南宋的鄂州地区作战。很明显，忽必烈最初并没有打算撤军，他打算先占领南宋，以此为自己取得汗位增添更为有力的砝码。当他接到蒙哥的死讯时，他的部将劝他回师，而忽必烈的回答是："今已渡江，是言何益！"不过很快他就接到了留守在后方的妻子察必的通知，了解到了阿里不哥的阴谋，这样一来，他就必须返回了。

1260 年初，忽必烈与宋朝草草地签订了一份和约，留下一小股部队，就匆匆返回开平。不过这份和约被奸相贾似道隐瞒了，他扣留了蒙古使节，出兵歼灭了留守的那一小股蒙古部队，并谎称大捷，以致错误地引导了南宋对蒙古的态度。

忽必烈清楚地意识到，阿里不哥鞭长莫及，他无法阻止自己有效地调动和控制进入汉地的蒙军及汉军。有了这一资本，忽必烈不肯轻易离

开经营有年的中原而贸然北上。双方间使臣往返，交涉不断，不见任何成效，而矛盾却日趋激化。1260 年 4 月中，忽必烈拘禁了阿里不哥派往燕京的心腹脱里赤，先发制人，在新筑成不久的开平城首先召开忽里台大会，宣布即大汗位。

忽必烈在漠南的抢先即位，完全打乱了阿里不哥的预谋。无奈之下，阿里不哥只得匆匆于 1260 年夏季，在驻地阿勒泰山中，召集留守漠北封地的诸王宗戚，举行大会，并在会上被拥立为大汗。这样就出现了南北两大汗相互抗衡的局面。在这次较量中，无论是忽必烈还是阿里不哥，都得到了相当部分的蒙古显贵的拥戴。忽必烈得到东道诸王的支持较多，而阿里不哥则得到了西道诸王的支持。尽管从表面上看，旭烈兀和钦察汗国的态度中立，不无暧昧之处，然而替旭烈兀留守漠北封地的儿子药木忽儿，最初是支持阿里不哥的。而钦察汗国的钱币上更刻有阿里不哥的名字，更表明了钦察汗国的立场。这样一来，最后谁能问鼎，就要靠各自的能力了。

为了能够顺利取得胜利，忽必烈做了一系列重要举措。在忽必烈宣布为汗的次月，他向天下颁行了《即位诏》，在诏书中忽必烈明确宣布："祖述变通，正在今日。"这就意味着他向中原的儒士们发出信号，要采用汉制。这样一来，忽必烈就有了一个相对稳定的后方。

与此同时，忽必烈毫不迟疑地开始着手征调和组编忠于他个人的精锐部队。由于蒙哥的怯薛大军在扶枢北归后大都滞留在漠北，归入了阿里不哥旗下，忽必烈就在潜邸宿卫的基础上迅速扩充，重建了一支大汗的怯薛部队，以戍守北方各地，尤其是燕京、开平一线心腹地区。另外，他还多次征集各地兵员，很快组建起一支拱卫京畿的侍卫亲军。统领侍卫亲军的，是随他出生入死的亲信董文炳等将领。解决了防卫问题后，忽必烈开始着手对付阿里不哥。他下令"诸路市马万匹送开平府"，"诏燕京、西京、北京三路宣抚司运米十万石"至漠南沿线，这样很快完成了扼守大漠南缘、伺机渡漠远征的战前部署。并且为了集中力量对付阿

里不哥，忽必烈对南宋的背约行为也采取克制的态度。他在蒙宋交界线上的江淮和江汉两地，分别派李璮和史权镇守，只在防卫，并不攻宋。

　　1260 年秋，阿里不哥兵分两路，大举南下。东路军由药木忽儿、王合剌察儿统率，从和林逾漠南进。西路军由阿兰答儿统领，直指六盘山，接应从四川前线退屯到该地的蒙哥攻宋主力。阿里不哥的左路军直逼忽必烈的腹地燕京。忽必烈亲自领军主动出击，成功地击溃了药木忽儿和王合剌察儿，造成了阿里不哥难以继续立足和林的局面。阿里不哥被迫退到了由他继承的拖雷封地吉里吉思，忽必烈则顺利地进至和林。

　　阿里不哥南下六盘山的西路军虽是偏师，但它牵动川蜀关陕。开始，忽必烈的守将廉希宪命秦巩世侯汪家的军队拒阻浑都海，做疑兵，"但张声势，使不得东"。浑都海中计，采取了"重装北归，以应和林"的下策。恰巧在北归途中与阿兰答儿会师。于是，浑都海又重新折返东向，并派人约结陇蜀诸将，忽必烈派驻镇守的部队军心大乱，纷纷退守兴元。就在这危急时候，忽必

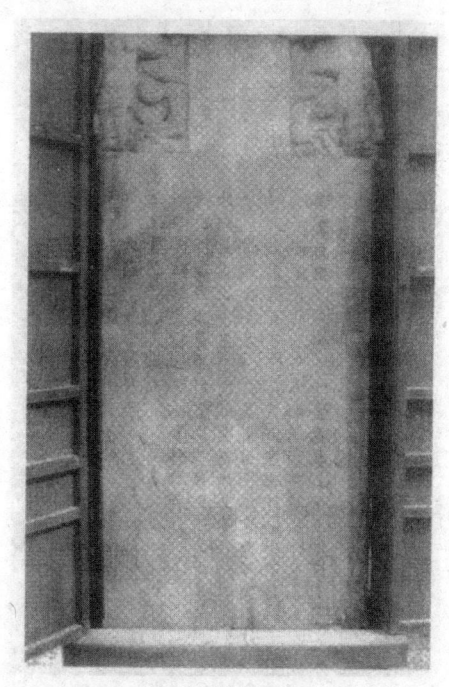

元·加封孔子碑

烈的增援部队到达，最后击败了阿里不哥的部队。俘虏并处死了阿兰答儿和浑都海。这样，往日蒙古大军所占领的中原地区就真正归属于忽必烈统辖了。

　　阿里不哥在吉里吉思经过休整，到 1261 年的秋天，元气稍有恢复，便又举兵东来。这一次，应该说是一次偷袭。他事先遣使者对忽必烈留守的将领移相哥伪称率众归降，使移相哥信以为真，果然疏于防备，结

果突袭成功。移相哥大军溃散，和林城再次失守。10月，忽必烈率军再度北征。这次双方在昔木土脑儿之西展开大战，阿里不哥被击败。但是不知道是出于什么原因，忽必烈并没有追击阿里不哥就撤退了。阿里不哥听说忽必烈撤退，这时正好阿速台率领的后继部队赶到，于是，阿里不哥回军再战。这一次双方不分胜负，激战到深夜，最后各自引军后退。

这一年冬末，忽必烈回师，形势似乎缓和下来。

1262年，阿里不哥粮饷不继，他派阿鲁忽到达察合台的封地，掌管察合台汗国事务，为他征集粮草。可没想到，阿鲁忽背叛了他，倒向了忽必烈一方，截留了全部粮草。愤怒之下，阿里不哥率军讨伐阿鲁忽。阿里不哥自知一旦挥兵西指，和林必然失守，所以临行指令和林城诸长老，允许他们举城归降忽必烈。阿里不哥出兵后，忽必烈果然不战而收复和林。

1262年冬，阿里不哥在击败阿鲁忽后驻营于阿力麻里，肆行杀掠，伊犁河流域因此残破不堪。1264年春，阿里不哥粮草用尽，军心涣散，阿里不哥绝望中，在这一年的7月向

元·中统元宝交钞

忽必烈投降。投降时忽必烈问阿里不哥："我的弟弟，我们两人究竟谁有道理呢？"这位失败者回答说："从前是我，现在是你。"

长达五年的汗位争夺就此结束。阿里不哥投降后，双方开始了宴会，但第二天，忽必烈下令处死了阿里不哥的诸多将领，赦免了阿里不哥和阿速台，一个月后阿里不哥神秘地病死。

四、"大哉，乾元"——元朝的建立

蒙古军进入中原之初，实行残酷的屠杀政策。凡凭城抵抗的人，城破之日，除工匠外，不问男女老幼贫富顺逆，一律屠杀。被掳掠或投降的人，则被大批迁往漠北，能幸运地存活下来的人也是十无二三。在蒙古铁蹄的蹂躏下，金人统治的中原人口锐减。在 1207 年，蒙古人进入中原前，金全国有人户 768 余万户，而到蒙古大汗窝阔台统治的时期，人口竟然减少到 100 多万户。

从 1251 年起，忽必烈开始正式经略中原地区。为巩固蒙古人在中原地区的统治，忽必烈推行汉法，重用儒士，取得了良好效果。为了维持蒙古帝国的战斗力量，就必须保证人口的稳定增长。因此忽必烈首先从农业抓起。他到达中原后做的第一件事，就是奏请蒙哥将原来的税制加以变更，并且在黄河畔修筑 5 座粮仓，允许百姓直接纳粟，起到了军民两便的作用。忽必烈还实行了劝农政策，使农业得到恢复和发展。忽必烈称汗后，在 1260 年设置十道宣抚司，并规定宣抚使有劝农的职责。从 1261 年起，忽必烈直接在中枢建立了劝农司，作为劝导督察农事的机构，后改为司农司、大司农司，其主要职责就是"劝诱百姓，开垦田土，种植桑枣"。而从 1264 年起，更把"户口增，田野辟"作为考核官吏的首要标准。经过这样一系列的努力，到 1270 年以后，中原地区长期遭到破坏的农业生产基本上得到了恢复，有的地方甚至得到了发展。

3 小时读懂元朝

公元 1253 年，蒙哥把京兆地区赏赐给忽必烈作为他的封邑，于是，忽必烈在该地设置了京兆从宜府，负责这一地区的经济开发。忽必烈在凤翔地区屯田，招募百姓耕种，然后用收获的粮食换取河东解州的盐，再开辟嘉陵江的浦运，将换得的粮食供给军队。巧妙地将经济生产和军事需求结合起来。忽必烈还在京兆地区设立了宣抚司、交钞提举司等经济管理部门，专门负责商业之流通和印制交钞。

在忽必烈经营中原时期最重要的一件事就是建开平府。开平府营建于 1256 年，经 3 年的营造，宫室、城垣初具规模，成为忽必烈统治中原的中心所在。对中原地区治理的另一项重要举措是忽必烈兴儒学，以及对儒士的重用。他遵照窝阔台时期考选儒士的规定，免去儒户的赋役，修缮了燕京地区的文庙。当时中原儒士多对忽必烈充满期望，认为"今日能用士，而能行中国之道，则中国之主也"。忽必烈对中原地区的治理为他后来争夺汗位，一统天下，建立大元，打下了坚实的政治和经济基础。

1259 年，蒙哥死在了四川的战斗中。忽必烈与阿里不哥开始了长达 5 年的汗位之争。在这场战争中，稳定的社会基础和充足的物质基础是忽必烈能够取得最后胜利的一个必要条件。1264 年阿里不哥败降，其直接原因就是

元·白釉黑彩玉壶春瓶

粮绝兵疲。

忽必烈在汗位争夺中取得胜利以后，随即挥兵南宋，开始了统一战争。战争自 1267 年 8 月开始至 1276 年 3 月宋恭帝出降、南宋灭亡为止，历时近 10 年。后又用了 3 年的时间肃清海上的南宋残余势力。最终忽必烈完成了中华统一，结束了自朱温篡唐以来华夏大地的长期分裂局面，成为了中国真正的主人。

公元 1271 年，忽必烈改国号为元，取《易经》中"大哉，乾元"之意，从此，蒙古帝国在中国的这一部分以"元"这个名字被载入史册。

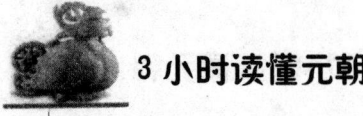

五、忽必烈的贤内助察必皇后

在元世祖忽必烈的一生中有两个女人对他的影响很大。第一个是他的母亲唆鲁禾帖尼，她不仅帮助忽必烈获得了邢州的封地，使忽必烈迈出了他踏上仕途的第一步，她任用儒士的政治观点也影响了她的儿子们。而另一位就是忽必烈的察必皇后。

察必皇后姓弘吉剌氏，《元史》中对她的评价是"性明敏，达于事机，国家初政，左右匡正，当时与有力焉"。像大多数存在于史籍中的女性一样，记载她的文字并不多，不过我们还是可以通过零星的资料看到她的性格，和她在忽必烈身边所起的作用。

察必无愧是忽必烈的贤内助。在前边我们提到过，正是察必的通知促使忽必烈及时赶回了开平，为他与阿里不哥的争夺迈出了重要的一步。在忽必烈处理日常政务的时候，察必也提供了不少帮助。一次，蒙古的朝臣上奏，要将京城近郊的农田割地变成牧场，以便牧养宫中的马匹，忽必烈听后欣然应允了这个计划。而察必皇后听说后马上来见忽必烈。正好她看到了站在一旁的太保刘秉忠，马上生气地责备他说："你是个聪明的汉人，皇帝对你的意见总是非常重视，如果你的意见正确，说了陛下就会听取，而你又明知道这样做不对，为什么不劝阻呢？"接着察必皇后进一步说："我们刚到这里时并不主张农耕，割地牧马还讲得过去，现在天下已定，郊外的田地也各有其主，百姓安居乐业，这种情况下把

良田变为牧场，可以吗？"忽必烈站在旁边听了察必的话，感到言之有理，于是取消了割地放牧的计划。

察必皇后有时也会做错一些事情，不过知错能改。有一天，察必皇后向太府监支取了一些丝绸布料。事后让忽必烈知道了，他对察必皇后说："这些布料不是私家物品，都是供军用的，怎么可以擅自索取呢？"察必皇后听后知道自己做错了，从此，她带领宫女纺纱织布，还利用旧的弓弦织成衣服，衣服的韧度比当时的绫绮还好。后来察必皇后看到宣徽院有许多羊皮被扔掉不用，她又把这些废弃的羊皮搜集起来，缝制成地毯，在宫中倡导勤俭的风气。

察必皇后是一个虔诚的吐蕃佛教信徒。她的第一个儿子朵儿赤的名字就来自藏文。察必皇后是一个仁慈的皇后，不过有时候这种仁慈又让她的思维过于女性化。南宋投降的消息报知忽必烈后，忽必烈十分高兴，在上都大摆宴席，君臣无不喜笑颜开，只有皇后察必一人若有所思，闷闷不乐。世祖看到后便问察必皇后："现在江南已经平定，从此不必再

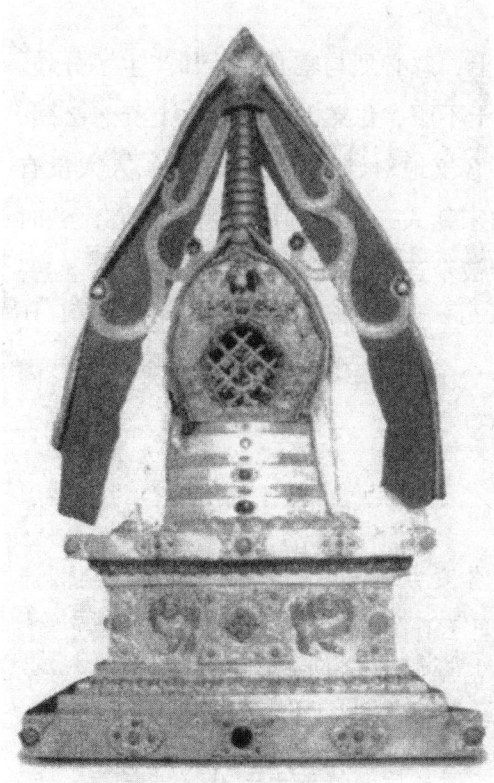

西藏大昭寺内八思巴被封为"帝师"后供奉的郎杰佛塔

大动干戈，大家都高高兴兴举杯庆贺，为什么你一人面无喜色呢？"察必皇后跪在地上回答："我听说从古到今不曾有过一个朝代能千年相传，但愿我们的子孙不会蒙受亡国的厄运。"忽必烈听后，为察必能够居安思

危大为感慨。后来，忽必烈把从宋朝国库缴获的各种珍宝搬到殿庭上，陪同察必皇后一起赏玩，察必皇后显得漫不经心，世祖感到纳闷，等察必回到寝殿后，派人去问她看中了什么东西。察必皇后面色忧郁地说："宋人珍藏这么多宝物打算留给赵家后代，可是，他们的不肖子孙却无法守住这些珍宝，现在都归我们所有，我怎么忍心从中挑一件物品呢？"忽必烈再次感慨地说："讲得多好啊！人无远虑，必有近忧，还是皇后有远见。"

但在对待被俘的宋朝皇室成员上，忽必烈与察必皇后却产生了分歧。察必皇后发现宋太后全氏在北方水土不服，仁慈的她就三次上奏忽必烈，请求将全氏遣归江南。忽必烈毫不客气地对她说："你这个妇人太没有远见了，如让她南归，那些南方的宋朝人一定会利用她蛊惑人心，到时候就不只是她会死，她的家族也会被牵连，这可不是在爱怜她啊。你要是真关心她，就时常多去照顾她们一些，让她们安心地在这里生活。"从这件事情可以看出，察必皇后只是一个有一定政治头脑的贤妻良母，离政治家还有相当的距离。

 点评 ⋯⋯⋯⋯⋯⋯⋯⋯⋯⋯⋯⋯⋯⋯⋯⋯⋯⋯⋯⋯⋯⋯

在历史上，可以把元朝看成是各蒙古汗国的大宗主国。实际上各汗国也承认这一点。至于忽必烈与阿里不哥的汗位争夺，很难说谁是正统，因为从蒙古人开始迷信军旗的力量的那一刻起，这种冷血的厮杀就成了一种必然。力量决定一切。

然而毫无疑问，忽必烈是蒙古帝国最后一位致力于对外扩张的大汗，尽管这种扩张被大海与密林所限制，后期多归为失败。但比起元朝后期的统治者来说，他的身子仍然坐立在马背上，而不是沉醉在宏伟的宫殿与高大的城墙里。可以说从成吉思汗立国的那一刻起，他所创立的行政与军事一体的国家体制，就是一个庞大的战争机器。当他的后代分裂、徜徉在城镇中的时候，蒙古帝国也就走向没落了。

可以这么说，这个用武力征服世界的民族，同时逐步被他们所征服的文明所征服，忽必烈则成了蒙古国历史上最后一位值得骄傲的征服者。

尽管这位征服者取得汗位的方法不那么让人信服，但他却是改变了华夏大地命运的人。

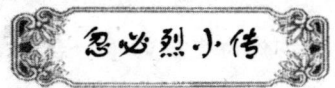

忽必烈，史称元世祖。生于 1215 年，在位 35 年。

1251 年，他受命于蒙哥开始经略中原地区。忽必烈重视农业生产与人口的恢复，兴汉法，用儒士，对中原地区生产力的恢复起到了积极作用。

1253 年，忽必烈出兵平定大理，首次展现了他非凡的军事才能。

1259 年，蒙哥死。

1260 年，忽必烈宣布继承汗位，并和阿里不哥开始了长达五年的汗位争夺战，最终获胜。

1271 年 11 月，忽必烈宣布将"蒙古国"国号改为"元"，以一个新朝雄主的姿态登上了历史舞台，中华历史翻开了新的一页。

1267 年，忽必烈挥兵南宋。在经过 10 年的长期战争后，1276 年宋帝出临安投降，南宋亡，中华一统。忽必烈召见宋帝后，宣布废去帝号，封为瀛国公。

1279 年，南宋余部的最后一个据点崖山被攻破，陆秀夫背着年仅九岁的小皇帝赵昺投海而死，南宋彻底从历史上消失。

随后忽必烈进一步进行对外扩张，频频调动大军，对高丽、日本、

安南、占城、缅国、爪哇等诸国用兵。在忽必烈大军的攻击下，高丽、安南、占城、缅国、爪哇等国先后被迫表示臣服。而元朝与日本的官方关系始终紧张，民间经济文化往来却极为频繁。

在忽必烈统治时期，他借用汉法，想要妥善解决大蒙古国时遗留下来的汗位继承问题。大蒙古国早期，并无明确的立储方法，常常是在大汗临终时才有遗训以确定新的汗位继承人。而这个遗训也不足为凭，仍要经过贵族大会"忽里台"的推举，即位者才能成为合法的大汗。这种不明立皇储的旧制，多次引起蒙古贵族内部的汗位争夺。

为了避免历史重演，忽必烈明确了设立皇储的意向，在 1273 年，正式册封次子真金为皇太子，作为皇位的唯一合法继承人，希望能在一定程度上避免为争夺汗位而发生的大规模流血冲突。可惜皇太子真金英年早亡，结果这一重要制度在后来终因种种原因而未能延续下来，导致元代中期蒙古皇族各支系间的火并连年不断，政局长期动荡不安。汗位继承问题始终困扰元朝始终，成为元朝早亡的重要原因之一。

1294 年春，忽必烈病逝，结束了他辉煌的一生，享年 80 岁。

铁骑南鞭血泪襄樊，两宫北上心碎临安。

第四章
挥鞭南宋　中华一统

一、血泪襄樊

1259 年年末，为北还夺取汗位，忽必烈与南宋丞相贾似道在鄂州订立了城下之盟，随即退兵北撤。但贾似道并没有把真实的情况上报给南宋朝廷，他向宋廷隐瞒了议和、纳币的事，反而把背信弃义偷袭蒙古小股留守部队的卑鄙行径夸大，谎称"诸路大捷"、"江汉肃清"。这样一来，本就在长期偏安环境中政治昏聩的南宋朝廷更加"从容"，沉溺在穷奢极欲之中，对长江以北的威胁到了置若罔闻的地步。

值得庆幸的是，因为忽必烈北归后，忙于与阿里不哥争夺汗位，在近十年的时间里没有抽出精力对付南宋。江南地区自金朝灭亡以后，出现了少有的太平时期。在这十年里，贾似道擅权已经到了无以复加的地步。他曾在百官议事时厉声斥问说："你们如果没有我的提拔，怎么可能得到今天这样显赫的地位呢？"在当时临安的街头巷尾，士人们有过这样的评价："辇毂谁知有赵皇，宫廷也只说平章。"贾似道权倾朝野的程度，由此可见一斑。

但当忽必烈在汗位的争夺战中取得了最后胜利之后，南宋就自然成为了他的下一个目标。本来从 1234 年起，蒙宋之间的战争就一直处于胶着状态，互有胜负，少有实质性的进展。可就在忽必烈踌躇满志，却又一筹莫展的时刻，刘整的降元打破了元宋间的僵局。

刘整本来出生在金国，在蒙古人攻击金国时他投奔了南宋，成为了

南宋的一员猛将。他在战场上屡立战功，在攻击金国信阳的时候，只率领 12 人就冲过了护城沟，将信阳守擒获，从此，名声大震。可惜，南宋朝廷对金朝末年投靠过来的"北人"都不信任，刘整的功绩更受到了嫉贤妒能的南宋权臣吕文德的嫉恨。南宋末年，吕文德派与刘整有间隙的南宋将领俞兴出任四川，想要谋害刘整。俞兴到了四川后说是要与刘整商谈军事，召刘整去。刘整猜到了这其中的阴谋，当然不肯去了。于是，俞兴就借机诬陷刘整有谋反的意图。刘整听说后曾几次派使者去临安申诉，都被吕文德中途拦截，没能到达。后来在南宋内部的明争暗斗中，刘整的亲信将领，向士璧和曹世雄先后被杀，刘整知道这样下去自己早晚也会被害死，在悲愤之下弃宋降了元朝。刘整到达元朝，面见忽必烈后力主攻宋。他对忽必烈说，攻宋的重点在襄樊地区，"无襄则无淮，无淮则江南唾手可下也"。历史证明，熟悉南宋内情的刘整的建议，无疑是正确的。

　　襄樊之战从 1268 年开始，到 1273 年结束，是攻宋战争中历时最长的战役，并被证明，也是最关键的战役。襄阳和樊城隔汉水南北相望，是通向长江中游盆地的最后一个要塞，襄樊一旦沦陷，长江防线将被撕开一个缺口，江淮一地将任由蒙古铁蹄驰骋，所以襄樊一战具有决定性的战略意义。

襄阳城遗址

也正因如此，南宋在那里修建了几乎坚不可摧的防御工事，如波斯学者拉施特所描写的，襄阳有"坚固的城堡、厚实的城墙和深深的护城河"。史书记载，在这一要塞上，宋人以巨木植入江中堵塞水道，并在襄樊两城间贯以铁索，上造浮桥，使两城互相应援。遗憾的是，无论多么坚固的防御，都会因政府的腐败变得失去效用。

宋军善于守城与使用水军，这是元军所忌惮的。为了能成功地取得战争的胜利，忽必烈采纳了刘整的建议。他遣使用玉带贿赂了南宋荆湖制置使吕文德，请求在襄樊城外置榷场，吕文德贪财好利，轻易应允。跟着忽必烈又以防止盗贼、保护货物为名，要求在襄樊外围筑造土墙。目光短浅的吕文德竟然也同意了。襄阳守将吕文焕听说后，大感惊骇。吕文焕将元军的这些举动，日后对襄樊可能造成的危害，逐一陈述，汇报给了吕文德。吕文德却自负地认为"襄阳城坚水深，兵储可支十年，元兵即来，亦不足惮"，反把吕文焕严厉斥责了一番。

于是，元人在襄樊东南的鹿门山修筑土墙，内构堡垒，建起了包围襄樊的第一个据点。到1268年，蒙将阿术又在襄樊东南鹿门堡和东北白河城修筑起了堡垒，切断了襄樊与外界的部分联系。到战争开始三年后的1270年，元军在襄樊外已围筑10余处城堡，使襄樊完全孤立，陷入了绝境。

"南船北马"，从战争的开始到结束，元军的造船技术始终不及宋军，但这并不影响元军水军发挥他们的作用，因为他们的士气一直非常饱满，远远超过了南宋军队。当然只有士气是不行的。从战争一开始，忽必烈就召集了7万金人与高丽人，将他们都交给了刘整进行水军训练。自此刘整造战船5000艘，日夜操练，后来又得到四川行省所造战舰500艘，得以建立起一支颇具规模的水军，从而弥补了元军战术上的劣势，为元军后期的战略进攻准备了必要条件。

在经过了周密的准备后，元军开始进攻了。可以说，从这场战争的开始，就出现了一面倒的形式，对南宋极其不利。1267年冬，南宋任命

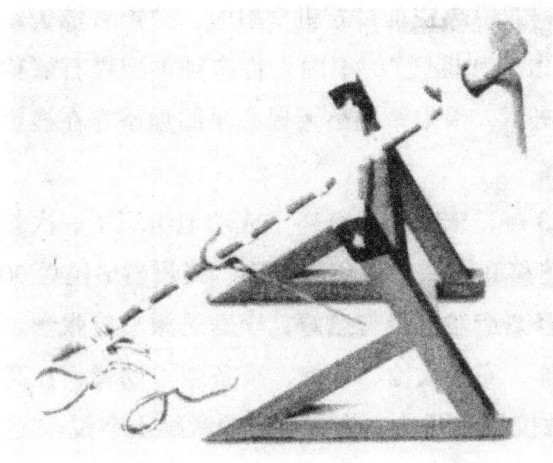

襄阳炮(模型)

吕文焕为襄阳府，兼京西安抚副使。1268 年，元军开始发起进攻。11 月，为打破元军鹿门、白河对襄阳的围堵，吕文焕命襄阳守军进攻元军，但元军围势已成，宋军大败，伤亡惨重。

以后，宋人援襄的战斗也多告失败。次年 3 月，宋将张世杰率军与包围樊城的元军作战，又被元将阿术击败。同年 7 月，沿江制置使夏贵率军救援襄阳，结果遭到元军伏击，兵败虎尾洲，损失 2000 余人，战舰 50 艘。1270 年春，吕文焕再次从襄阳出兵，攻打万山堡。这一次，元军采用诱敌深入的战术，乘宋军士气衰退时，突然反击，宋军大败。在这一年的 9 月，宋殿前副都指挥使范文虎率水军援襄，元军水陆两军迎战。两军尚未交战，范文虎先想逃走，军心动摇，被元军攻击，大败而逃。1271 年，范文虎再次援襄，同样损兵折将，战败逃亡。

宋元两军在襄樊外围进行了长达 3 年的争夺战，但因元军包围之势已成，结果南宋的所有军事行动，无论是救援还是反包围均以失败告终。最后宋军只好困守襄阳，败局已定。1272 年，宋将范文虎率舟师十万来援，规模不可说不大，可由于主将贪生怕死，指挥失当，致鹿门山再一次大败，船舰百余艘，及大量辎重全部落入了元军手中。

由于襄樊的防御体系毕竟十分完善坚固，如果元军强攻必定会损失惨重。为了解决这一问题，忽必烈的侄子、波斯的伊利汗阿八哈帮上了忙。他派出亦思马因和阿剌瓦丁两位回族炮手来到了中国。两位回族炮手在 1272 年下半年到达了襄阳，他们在襄阳城外建造了一种能够远距离

发射大石块的投石机。有记载说当这种投石机发射时，"声音惊天动地
……击中的所有东西都被击破和摧毁"，中国人将这种重型投石器称为
"回回炮"。在回回炮的攻击下，南宋军民整天提心吊胆地坚守在襄樊城
内，眼看着防御被逐渐摧毁。

就在这危急时刻，1273 年，宋将李庭芝终于成功地组织了一次救援
行动。这年的 4 月，李庭芝移驻郢州，他招募襄阳、郢州当地民兵 3000
余人，在襄阳西北清泥河修寨造船。轻舟造好，李庭芝派总管张顺、督
统张贵率领，把船连成方阵，安装火枪、火炮，准备强弓劲弩，在高头
港集结救援襄阳。5 月，救援战斗开始。临行前张顺激励士卒说："这次
救援襄阳的行动，任务十分艰巨，每个人都要有必死的决心和斗志，你
们当中的有些人若非出于自愿，那就赶快离去，不要影响这次救援大
事。"当时 3000 名水军都立誓向前，于是出发。张贵在前，张顺在后，
突入元军重围，在磨洪滩，被元军船舰阻住，无法通过。张贵率军强攻，
先用强弩射向敌舰，后用大斧短兵相接，冲破重重封锁，又转战 120 余
里，于 5 月 25 日抵达襄阳。在激战中，张顺不幸牺牲。几天以后，襄阳
军民在水中发现他的尸体，披甲执弓，怒目圆睁，宛如天神。

这次成功的救援，极大地鼓舞了襄、樊军民。张贵入襄后，表现得
也十分活跃。他派人潜回郢州，联络郢州的殿帅范文虎，约定南北夹
击，打通襄阳外围交通线。计划是范文虎率精兵 5000 驻龙尾洲接应，
张贵率军冲出重围后和范文虎会师。当时汉水风高浪急，范文虎在龙尾
洲守候，担心船毁人亡，自己性命不保，在会师前两天主动退屯 30 里。
而元军得知张贵要再次袭营的消息后，迅速占领了龙尾洲，以逸待劳，
最终全歼张贵军，并俘虏杀死了张贵。事后，元军派 4 名南宋降卒将张
贵尸体抬到襄阳城中，迫使吕文焕投降，吕文焕在悲愤中杀掉降卒，把
张贵与张顺合葬，立双庙祭祀。自此，襄、樊与外界彻底中断了联系。

二张战死后不久，元军开始对樊城发起强攻。元将阿里海牙认为：
"襄阳之有樊城，犹齿之有唇也。宜先攻樊城，樊城下则襄阳可不攻而

得。"在这一战略思想下，元军以回回炮做火力掩护，分别从东北、西南方向进攻樊城，并首先烧毁了樊城与襄阳之间的江上浮桥，樊城得不到襄阳的救援，彻底孤立。刘整则率战舰抵达樊城下面，用回回炮打开了樊城西南角，进入城内。南宋守将范天顺坚守樊城 4 年，自知无力回天，破城当天悬梁自尽。偏将牛富率百人巷战，渴饮血水，因寡不敌众被俘，以头撞柱，昏厥未死。后牛富又在元兵不备时，跳下城墙，投火殉职，偏将王福见牛富投火，也赴火自焚。樊城陷落。

襄樊被困，南宋丞相贾似道却一直对宋度宗封锁消息，有敢说元军攻宋的，轻则被贬职，重则借故杀之。贾似道自己也不上朝，终日和自己的妻室游山玩水，正是"朝中无丞相，水上有平章"。一天，贾似道入朝，度宗谨慎地问："襄阳被围，听说已经有 3 年时间了，现在该怎么办呢？"贾似道听后马上惊愕地说："北兵早就撤退，陛下是从哪里听到消息的？"度宗回答："是最近听女嫔说的。"贾似道半晌才说："陛下怎么能听一个妇人说的呢？难道满朝大臣，都没长耳朵吗？反让一个妇人先知道了？"事情过去不久，贾似道寻找了一个理由，逼度宗将女嫔赐死了。

这时，樊城失陷，襄阳形势更加危急。吕文焕多次派人向南宋朝廷告急，盼望援兵望眼欲穿。而襄阳城中，物资匮乏，军民已开始拆屋作柴烧，陷入了绝境。后人汪元量在《湖山类稿》的《醉歌》中唱道："吕将军在守襄阳，襄阳十年铁脊梁。望断援兵无消息，声声骂杀贾平章。"

1273 年，元军利用樊城攻打襄阳。襄阳城中军民人心动摇，将领纷纷出城投降。吕文焕也在这一年，在阿里海牙的劝说下，折箭立誓，举城投降。襄樊战役结束。

二、贾似道兵溃丁家洲

　　襄樊失守，吕文焕投降，元军大举南下，南宋朝野震惊。奸相贾似道在这种情况下，再不能躲在西湖葛岭边上的半闲居里安乐了，作为总领国政的太师，他不得不请命出征了。

　　其实，早在襄樊告急的文书似雪片般飞到南宋朝廷时，贾似道就预感到了形势不妙，为自己安排了后招。当时他见元军南下的事情已经隐瞒不住了，就表面上请求亲自率军救援，暗地里却指使党羽上书挽留。于是，大臣们纷纷上书，对度宗说："太师若亲自率师增援襄、樊，两淮必然空虚，这样京城就危险了，不如让太师居中调度更好些。"结果，宋度宗胆怯同意，贾似道高兴偷安。襄樊失守后，贾似道又以这些作为说辞，说什么"我先前几次请求率兵增援，陛下都不允许，假使让我去的话，也不至于被攻陷"，竟然将责任推脱得一干二净。

　　国有大奸，君必昏聩。贾似道的得势和南宋皇帝的昏庸有着直接关系。史料中说，宋度宗每夜宠幸的宫妃，第二天都要按规定到宫门前谢恩。宋度宗时期，每天都有三十几人谢恩。宋度宗终日沉迷于女色，蒙古人还没有来，自己三十几岁就先死了。有这样的皇帝，出现一个贾似道也就不足为奇了。在襄樊危急，山河飘摇的时候，总领军国大事的贾似道却不去上朝，呆在家里，趴在地上，跟几个侍女斗蟋蟀！有人写了首讽刺诗，内容是这样的："山上楼台湖上船，平章醉后懒朝天。羽书

莫报樊城急，新得娥眉正少年。"国事腐败到这种地步，不亡国才让人奇怪呢！

1274 年冬天，忽必烈征兵 10 万，用以增加攻宋兵力。同年元军在攻陷襄樊后继续南下鄂州。伯颜、阿术的主力顺汉水入长江，绕过了宋将张世杰在鄂州的阻截，直趋临安，在阳逻堡又一次大败宋军，攻取汉口，宋军伤亡数十万，鄂州守将出降。

京湖制置使汪立信向贾似道写信进言。信的内容大致是这样的：现在天下的形势，我们已经是十分失去九分，可你还在整天宴乐偏安，酣歌深宫，笑游湖山，缓急倒施，不把天下的事当一回事，到时候恐怕上天都不会容纳你。现在也只有上下齐心，想方法延续大宋的江山了。到了今天这个地步，我也只有以下两个方法，希望能起到作用。目前我大宋内地没有什么事情，为什么要聚集那么多兵呢？我算了一算，如今可以调集到 70 万人，应该全部发往江干地区，沿江防守。长江防线不过7000 里，如果每相距百里设兵把守，重要地点布三倍兵力，馈饷不绝，互相应援，选宗室大臣中有能力的人，立为统制，分东西二府管理，也许可以挽救危局。这是上策。

他给贾似道说的第二个办法就是献岁币请和，并且说明："二策果不得行，则天败我也，衔璧舆榇之礼，请备以俟！"看来这也是没办法中的办法。贾似道看完，勃然大怒，大骂汪立信说："瞎贼敢这般狂言？"（汪立信的一只眼睛看不清东西）可是他要是真的采用了汪立信的第一条建议，南宋的江山也说不定还能坚持几年。

这一年冬，贾似道身为太师，不顾军情紧急，既不言兵，也不论政，竟然在家里忙着准备过新年。除夕之夜，临安城内显得格外寂静。只有贾似道的半闲居里同往年一样，依然是灯光辉煌，爆竹声声，热闹如故。直到 1275 年初春，贾似道才率师 13 万西上，出兵抗元。贾似道出征可说是旷古绝今，敲锣打鼓过闹市，妻妾使女排成行，战船看来像花船，金银珠宝往上搬。他哪里有心思打仗啊，再说他也根本就不会打仗，所

以他带上了大量的财物，打算
看准时机，再和蒙古人来个
"城下之盟"。可贾似道刚到芜
湖，就听说安庆守将范文虎献
城投降了。计划全部被打乱，
贾似道心里十分害怕，便想重
施故伎，与元人求和。贾似道
在丁家洲（今安徽铜陵东北）
与元军相遇。两军刚一对峙，
贾似道就马上派出使臣向元军
求和。遗憾的是这次元军拒绝
议和。元军统帅伯颜指责使臣
说："我军如果没有渡江南下，
还可以考虑你们称臣入贡，现
在临安是指日可待，还有什么
议和可言？再说，你们贾太师
是个言而无信的小人，当年扣
使败盟，这笔账我们还没有算

元·缂丝八仙拱寿图轴（局部）

呢！你们若真想议和，那就叫你们那位贾太师亲自来面议！"贾似道听了
使臣的回话，哪里敢去，只好硬着头皮准备应战。贾似道这时又想起了
汪立信。汪立信气愤地对贾似道说："现在还有什么办法！寇已深入，
江南早无一寸净土，我汪立信来这儿不是给你出主意的，不过是要找一
片赵家的土地，拼着一死，死也要死得分明，才不失为赵家臣子。"贾似
道听了，也没办法，派孙虎臣率精兵 7 万截击元军，自己率后军驻扎在
鲁港。孙虎臣也是一个贪生怕死的将领，与元军交战才个把时辰，就独
自登上小船，丢弃大军逃跑了。士兵们见主帅已逃，那还打什么啊！大
喊"主帅逃走了"，尽管宋将姜才奋力作战，其他兵将却无心打仗，纷纷

溃逃。贾似道大惊失色，慌忙鸣金收军。士兵们根本不听他的军令，只顾各自逃命。元军趁机水陆夹攻，宋军不是死在刀下就是死在水里，伤亡无数。贾似道一看，也顾不得许多了，独自乘了一艘船，也逃走了。真是来的从容，败得快！自此以后，南宋就再也没有组织起过有效的抵抗，战败成为了定局。

三、兵不血刃进临安

　　贾似道在丁家洲溃败后如同丧家之犬，陈宜中和留梦炎两人很快取代了他在南宋朝廷中的地位，分别被任命为左右丞相，并兼枢密使，都督诸路军马。

　　最初，丁家洲兵败后，陈宜中劝说太皇太后谢氏将贾似道处死，太皇太后不肯，将贾似道仅贬到了广州。没想到贾似道途经漳州木绵庵时，被会稽县尉郑虎臣杀死。贾似道死后，南宋的腐败没有任何改变，只不过是死了一个贾似道，又来了一个陈宜中，一个留梦炎，将过去一手遮天的局面变成了陈留两人的明争暗斗而已。

　　1275 年 3 月，元军先后攻占建康、镇江等重镇。忽必烈重新部署灭宋方略，命阿里海牙攻湖南，切断南宋东西联系；又命阿术驻瓜州，攻扬州，阻挡淮东宋军南援；大将伯颜则率主力直取临安。

　　在这里需要提到一员大将，那就是指挥这次战役的元军总帅伯颜。伯颜是蒙古八邻部人，生于 1237 年。父亲晓古台是跟随旭烈兀西征的众多将领中的一员，因此，伯颜自幼长于波斯。忽必烈改国号为元后，旭烈兀派伯颜回朝奏事。忽必烈看他一表人才，谈吐不凡，感慨地说："你的才干是不居于诸侯王臣之下的，就留在我的身边吧。"于是，伯颜就成了忽必烈的肱股之臣。1274 年，由于史天泽年迈，忽必烈拜伯颜为中书左丞相，领南下元军继续伐宋。伯颜上任前，忽必烈对他说："当

年宋太祖的大将曹彬奉命进攻南唐，曹彬从不滥杀无辜，一举平定江南。你要体会我的这种心情，效法曹彬，不要让我的人民横遭锋刃。"后来在整个伐宋过程中，伯颜确实做到了"不滥杀无辜"这一点，采用了怀柔的策略。

元军攻宋期间，正逢江南疫病流行，江南百姓更因战乱流离失所，一些地区甚至发生了饥荒。伯颜看到后，下令开仓赈饥，发药治病。江南百姓大为感激，称伯颜的军队为"王者之师"。丁家洲战役后，在元军的武力与怀柔政策下，南宋军民多不战而降。

1275 年 7 月，阿术率军在焦山水陆配合，运用火攻大败宋军张世杰水师，俘虏万余人，获战船 700 余艘。在这一仗中，张世杰的水军力量雄厚，士气也很旺盛。只可惜张世杰有勇无谋，空怀忠勇，将南宋巨舰用铁索连在一起，本来是表达誓死不退的决战之心，却让元军来了个火烧赤壁的南宋版。一把火过后，跟着是元军的水陆并进，将张世杰水师几乎全歼。

伯颜像

这年的 10 月，伯颜兵分三路南下：阿剌罕、奥鲁赤率十万骑兵为右路军，自建康经溧阳、广德，攻独松关；董文炳、张弘范率十万水师为左路军，由江阴奔澉浦；伯颜亲率中路军一万余人，以吕文焕为前锋，向常州、平江进发。最后，计划三路大军在临安会师。南宋得知常州危急，急忙派张全率兵 2000，平江知府伊玉、麻士龙率兵 3000 赴援，与元军展开激战，在元军大兵压境的情况下，多数战死。

11 月 16 日，伯颜督军常州，筑台发炮猛轰，连攻两昼夜，终于破城。常州失守，无锡、平江守军不战而降。

1275 年年末，南宋政权依旧进行着最后的抵抗。但谢太后在陈宜中等人的怂恿下还梦想着可以进贡议和。她派出使者很快就被伯颜打发了回来。1276 年 1 月 17 日，三路会师于皋亭山。张世杰等南宋将领要求背城一战，谢太后不允。1276 年 1 月末，谢太后最终承认宋朝皇帝是忽必烈的臣民，并把国玺交给了伯颜。2 月，伯颜率军进入临安。在元军进入临安的前一天，悲愤中，陆秀夫、张世杰等人带着赵昰、赵昺二王逃往福建。自此，南宋就结束了它作为一个朝代的使命。

说到南宋的灭亡，这里还发生了一件非常荒唐的事情。当元军接近临安的时候，陈宜中等人主张迁都，放弃临安。经过几次劝说后，终于说服了谢太后。陈宜中得到谢太后的准许后马上回到府中，叫家人开始收拾物品，准备逃亡。谢太后在宫中久等陈宜中回音不至，就慌张了起来，派人到陈宜中府中探个究竟。探子去后，回来禀告说：陈宜中正忙着收拾行装。这可把谢太后气坏了。她哭着大骂陈宜中只顾自己安危，却不顾及他们孤儿寡母的死活。她越想越觉得凄苦，最后干脆不走了，作出了投降元人的决定——这不是糊涂吗！其实陈宜中虽然奸佞，但他却明白如果赵氏不存在了，他也就失去了存在的价值，所以他是一定要带赵

元·拍鼓人物砖雕

082

氏遗孤走的。只是，一来他确实有轻慢赵氏孤儿寡母的心理，二来他急于布置迁都的各项工作，一时没有米得及回宫禀告而已。可惜只因一个老妇人的愚钝，就将南宋江山轻易地断送了……

　　元军进入临安后，伯颜下令不要抢掠，并封存府库，登记钱谷。伯颜言明，将士不得擅自进城，敢于暴掠者，军法从事。在伯颜的保护政策下，临安的经济没有受到严重破坏，市场照常经营。1276 年 3 月，伯颜将南宋皇宫中的祭器、仪仗、图书全部北运，宋室成员被押往上都。

　　伯颜归京时，忽必烈令百官到郊外欢迎，权臣阿台马认为伯颜在占领临安后一定会捞取很多好处，就一个人先跑出来，在半道上以向伯颜祝贺为名，打算弄些好处。伯颜心里明白，寒暄过后，他就解下随身佩带的玉钩带送给他，并说："宋皇宫中宝物需呈献给大汗，我不能擅自做主，这玉钩是御赐之物，就赠给你作为远道出迎的谢礼吧。"阿台马非常不快，他以为伯颜看不起自己，从此怀恨在心，愤然骑马走了。这件事情没过几天，阿台马就在忽必烈面前造谣说，伯颜私藏了宋室至宝玉桃盏。忽必烈听后，十分震惊，立即叫人追查此事，但因没有确凿的证据，况且又是用人的时候，事情也就不了了之了。而玉桃盏的事情直到阿台马死后才真相大白。一个宫人找到了玉桃盏，并向忽必烈献上了此物。忽必烈望着小小的玉桃盏感慨地说："我差一点儿让忠良受了冤屈啊！"

　　在整个出征南宋的战役中，伯颜未乱杀一人，进临安后也未取一物，这种行为在古今将帅中是少有的。他在自己的诗中写到："担头不带江南物，只插梅花三两枝"，不能不让人钦佩——真有一代名将的风采啊！

四、南宋的灭亡

　　南宋恭帝及太后宗室的出降，标志着存在了 320 多年的宋朝基本结束了，但南宋的遗孤遗臣依然在南方对元人进行着顽强的抵抗。

　　当时淮东、真州、扬州、泰州仍然被南宋的遗臣李庭芝、姜才、苗再成等人坚守。从临安逃出的张世杰、陈宜中、陆秀夫、文天祥等人则很快在福州拥立益王赵昰为帝。就在这个时候，伯颜回到了蒙古，因为元朝内部又出现了叛乱，蒙哥之子昔里吉起兵。元朝人于是把主要的注意力北移，给了南宋的遗老遗少们一定的喘息时间。

　　在这段时间里，真正做到有效抵抗的只有李庭芝与姜才协守的扬州。留在南方的元将阿术对扬州屡攻不下，正好临安已经投降，伯颜将太皇太后谢氏谕降李庭芝的手诏送到阿术军前。阿术立即命人在城下宣诏。李庭芝听完宣读后说道："我只知奉诏守城，没听到有诏谕命令我归降。"阿术没办法，只好继续攻城，依旧不克。后来李庭芝听说南宋皇室被虏北上，痛哭流涕，尽散家财劳军，令姜才率兵 4 万截击瓜洲，想要夺回两宫。姜才率军出战，与元军血战 6 个多小时，元兵为防有失，劫持南宋皇室后撤。姜才紧追不放，边追边打，到浦子市，正遇到前来支援的元军。阿术亲自督战，前后夹击姜才，姜才自知兵少久战，难以取胜，只好撤退。阿术爱惜姜才勇猛，令人招降。姜才慨然回答："我宁可死，怎么可能作降将呢？"同时，守卫真州的南宋遗臣苗再成，也出兵

夺驾，但都没有成功。

这次战役结束后，阿术又多次以太后谢氏的名义谕降李庭芝。李庭芝不答，命士兵发弩射死谕使。阿术于是遣兵守高邮、宝应，断绝扬州粮道，跟着又用谕旨招降李庭芝。李庭芝再次杀死谕使。这时淮安、盱眙、泗州均因粮尽出降，只有李庭芝力战不屈，粮尽就将铠甲上的牛皮煮了吃。这一时候，扬州城内出现了兵民易子相食的悲惨景象，李庭芝仍守城不降。恰在这一时刻，张世杰、陈宜中、陆秀夫等人在福州拥立益王赵昰称帝，召李庭芝为右相。李庭芝接诏，令制置副使朱焕守扬州，与姜才率兵 7000 赶往泰州。没想到李庭芝刚出城，朱焕就献城出降了。李庭芝马上受到了元军的追击，只好逃入泰州，泰州裨将孙贵、胡惟孝也偷偷打开泰州北门接应元兵，李庭芝和姜才被俘，先后被杀。

李庭芝和姜才死后，南宋遗臣们的抵抗意志更加脆弱。

1277 年，元人稳定了北方局势后，重新集中力量平定中国南部地区。就在这一年，元将唆都依次占领了福州、泉州和广东，1278 年占潮州。同样是在 1278 年，两淮、四川的抗元势力也先后失败。在 5 月 8 日，不到 10 岁，刚拥立不久的宋帝赵昰在心惊胆战中死去。其弟赵昺又被推到了这一时代的风口浪尖上，登上"皇位"，成为南宋残余势力新的心理寄托。但很快，这一寄托也随着汹涌的波涛消失在了大海之上。张世杰等人以雷州半岛附近的硇洲岛为基地，不久，元军的持续进攻迫使他们再次逃亡，从广州渡海到达崖山岛。

元军迅速对崖山进行了封锁，并展开了进攻。这是历史上罕见的大海战，它将南宋最后的一页画面展现得凄惨悲壮。

1279 年 2 月，元军都元帅张弘范会同副帅李恒，兵分水陆进攻崖山。张世杰率军进行决战，集结 1000 多艘舰船，四周加固战栅，构成海上坚城。元军的数次进攻，均告失败。但张世杰的这种做法无疑将战船的机动性抹杀了，不能有效地进攻，只能进行防御，面对这种被动挨打的局面，战败也就只是时间问题。元军先威迫被俘的南宋丞相文天祥写信招降，遭到了文天祥的拒绝，于是又利用张世杰的外甥去劝降，结果也被张世杰骂走。于是元人采用断绝补给，长期围攻的办法，占领了崖山外围，随即截断了南宋的粮、水补给线。南宋官兵吃干粮饮咸水，呕吐疲乏，仍坚持战斗，毫无降意。2 月初六，天色晦暗，风雨交加，元军把握住了战机，趁早、午海潮涨退的机会，大举围攻崖山。3 月 19 日，张世杰决定突围，在经过苦战后，南宋船队最终崩溃。混战中张世杰领少数战船，乘雾突围成功。但少帝赵昺和丞相陆秀夫被困崖山。无奈之下，陆秀夫杀死妻子，怀揣玉玺，抱着尚不明白发生了什么的少帝投海殉国，"后宫诸臣，从死者众"。

战斗历时 20 多天，双方共投入兵力 50 余万，动用战船 2000 余艘，战斗结束时南宋军队几乎全军覆没，海上浮尸达 10 万之多，七天不尽。

几天以后，张世杰回来寻找帝室，知道少帝已死，只好带领船队再度出海。三个月后，航至海陵岛一带遇飓风溺死海中，全军覆没。另外还有一部分南宋遗臣逃到了占城，也就是今天的越南，希望在那里实现他们的恢复宋朝的梦想。不过，当元军开始准备对占城用兵时，这群南宋最后的"忠臣们"也退出了历史舞台。南宋成为了一去不复返的历史。

面对历史，我们最好做一个冷眼的旁观者，尽量不要把情感掺杂在里面。因为那样的话我们就不是在阅读历史，而是在用自己的情感去感受、甚至是在改动着历史。就历史本身而言是客观的，但当历史转化成文字形式出现时，就从来没绝对客观过。因为书写历史的人是有目的、有感情的。

究其南宋灭亡的原因是复杂的，尽管出现了贾似道这样的奸臣，度宗这样的昏君，但对于这个经济文化极为发达，而在军事上只能守成，不能开疆拓土的朝代来说，面对着强敌环伺的乱世，灭亡只是早晚的事情。这是客观上的必然。可如果说南宋一定就会在 1279 年灭亡，那就是毫无道理的主观认识了。毕竟历史是由一个个事件组成，而事件是由人来演义的。襄樊是可以守住却未能守住的。因为有贾似道、吕文德、范文虎，贪图安逸、贪图钱财、贪生怕死这样的一群官吏构成了南宋的腐败政治。张世杰是个忠臣，但他却只是一员猛将，而不是一个深谋远虑的帅才。在淮南的战场上，他铁锁连舟，叫元人一把火将 10 万大军烧得所剩无几。心怀忠勇，统率大军，却不能将军队的作用发挥出来，这就是张世杰。

南宋是一个不乏忠臣，也不乏奸臣的朝代，它所缺乏的是能够力挽狂澜的军事家，纵马扬鞭的统帅。这并不是说南宋不存在这样的人，而是即便存在这样的人也很难被重用。有时在国家危难时刻，虽然被重用一时，危机过后，帅才们会立即被排挤或剪除。北宋末年的李刚是这样，南宋初年的岳飞也是这样。这种对将帅之才的排挤在整个宋朝都是有传统的。因为宋太祖的皇袍加身就是在武人得志的情况下发生的。因此，宋朝重文轻武，对有能力的武人如果不是必要，很少会交给实权，以至于在南北宋 320 多年的历史上，宋朝的军队战斗力不能说是不强，将帅的谋略不能说是不高，可却只能丧失土地，却不能开疆拓土。就如同宋高宗担心岳飞专权一样，宋朝皇帝宁可信任小人，也不会让一个武人得到他应得的荣誉。

在襄樊失守时，曾有人提出起用高达，贾似道的回答是："那样的话吕家就要完了。"而恰恰是吕家的人把南宋的一位杰出将领刘整排挤到了元朝人那边。尽管这涉及到权力斗争，但也和宋朝重文轻武，文人掌握兵权是分不开的。

俱往矣，古今多少事，付于笑谈中……

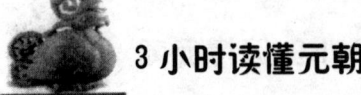

相关链接

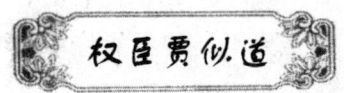权臣贾似道

贾似道，字师宪，南宋末年台州天台（今浙江临海人），生于 1213 年。父亲是个地方官，在贾似道 11 岁时病逝，母亲改嫁他人，因此，自幼浪荡，整日赌博、酗酒，不务正业。长大成人后，靠着父荫当了个管仓库的小官。

宋理宗赵昀登位初年，他同父异母的姐姐被选入宫，很快受到理宗的宠爱，进封为贵妃。由此，贾似道成为当朝国舅，很快就官运亨通，数十年间，从一个九品籍田令，迁升至宰相，位极人臣。

贾似道掌管国政时期，他整日纵情声色，嬉戏于歌台舞榭，不理朝政。1258 年，蒙古大汗蒙哥分兵三路进攻南宋。蒙哥率主力进攻今四川合州县，皇弟忽必烈攻打鄂州，另一路由兀良合台率领，从云南向北攻打长沙。意外的是，蒙哥在进攻合州钓鱼城时受重伤而死。忽必烈接到蒙哥死讯，为回北方争夺汗位，他与贾似道签订和约。贾似道表示，只要蒙古退兵，宋愿称臣纳贡，把江北土地割给蒙古，每年向蒙古进贡银、绢各 20 万。

鄂州战役后，贾似道回到临安，将私订和约一事隐瞒不报，谎称鄂州战役大获全胜。宋理宗信以为真，下诏表彰贾似道指挥有方，晋升他为少傅，封卫国公。

1267 年冬，忽必烈再次攻宋，这次元军首先围攻襄阳。襄阳城被困 5 年，贾似道把战争前线的消息封锁起来，不让宋度宗知道，无视前线告急，依然恣意玩乐。局势日益严重，直到贾似道见再也隐瞒不住了，

3 小时读懂元朝

才表面向度宗请求要亲自率军救援，暗地里却指使党羽挽留。

1273 年，襄樊被攻陷，贾似道只得出兵。

1274 年冬天，元军再次攻到鄂州，而在 1275 年初春，贾似道才磨磨蹭蹭地率师出征。没多久，贾似道很快在鲁港战败，13 万大军几乎全军覆没。沿江各镇相继失守。在舆论的压力下，南宋朝廷才罢去了贾似道的相职，将他放归绍兴府。

由于贾似道专权误国，已是国人皆知，绍兴关闭城门，拒绝让贾似道入城。朝廷又降旨让他居住婺州，婺州也不让他入境。最后，贾似道被贬为高州才练副使，同时抄没家产。

在南下广东途中，贾似道被押送官打死，结束了他罪恶的一生。

说来，这名打死贾似道的衙役还有点来头。他是会稽县尉郑虎臣。原来早年贾似道得势时，郑虎臣的父亲郑师望也曾在朝中为官。因得罪了贾似道，郑师望被发配远方，后来死在了那里。为报父仇，郑虎臣一见贾似道眼睛都红了！在押送贾似道的路上，郑虎臣几次暗示贾似道，要他自杀，但贾似道就是不愿意死。最后在行至漳州木绵庵时，郑虎臣忍不住了，将贾似道杀死在了木绵庵前。真是世事弄人啊！

建行省强中央集权，治四方自雄视寰宇。

第五章
忽必烈统治时期的元朝

一、行省制度的实行

元代政治制度中对后世影响最为深远的就是行省制度的建立。

忽必烈即位后，采用汉制，在开平建立了中书省，作为全国的最高行政机构。后来随着元代统治中心迁往燕京（即北京），忽必烈在燕京又设立了行中书省，以实行中书省的职责。约在中统三年，中、行两省自然合并，此后就不再有"燕京行中书省"。

正如中书省是全国的最高行政机构，行中书省则是个地方的最高行政机构。在习惯上行中书省则被称为行省。在设立尚书省主持政务期间，又改称为"行尚书省"，简称"省"。

大体上行省的设立过程是这样的。1260 年 5 月，也就是在忽必烈设立中书省一个月后，随即设置了十路宣抚司，"以总天下之政"。这十路分别是：燕京路、益都济南等路、河南路、北京等路、平阳太原路、真定路、东平路、大名彰德等路、西京路、陕西四川等路。每司分领一路或数路，派藩府旧臣出任宣抚使、副，作为朝廷的特命使臣，监督和处理地方政务。但宣抚司无处置军务的权力，使、副又多数没有宰臣职衔，如果发生叛乱或社会治安等方面的特殊情况就不足以应付了。于是忽必烈把一些地区改置行中书省。1261 年 11 月，忽必烈撤销了十路宣抚司。在第二年的 12 月，重新设立十路宣抚司，但将它作为中书省的派出机构。

第五章 忽必烈统治时期的元朝

忽必烈在外路设立的第一个行中书省是陕西四川行省（京兆行省）。陕西四川行省设立在阿里不哥叛乱时期。1260 年，京兆宣抚使廉希宪到任时，为防止阿里不哥已派来的亲信大臣刘太平联络六盘山及四川蒙古军帅，占据京兆地区。廉希宪果断地捕杀了刘太平等人，征调秦、巩等处诸军进入六盘，发仓库金银充军赏，同时遣使入奏，自劾越权的罪过。忽必烈没有责怪他，因为这是他建立的制度存在缺陷而造成的。所以在这件事后，他赞赏廉希宪善于行权应变。这一年的 8 月，忽必烈将京兆宣抚司改置为行省，即陕西四川行省，以廉希宪为中书右丞，行行省事。这以后，忽必烈又在其他地区先后设立了行省。由于种种原因，几经置废分合，最后稳定为十个行中书省，分统除中书省直辖诸路以外的各大地区，形成了"都省握天下之机，十省分天下之治"的行政区划格局。

吐蕃地区直属中央机构宣政院统辖，所以不置行省机构，但也被视为一个行省。这样，元朝全境共划分为十二个一级政区，即中书省直辖、十行省及吐蕃。在 1286 年以前，行省仍属于中书省的临时派出机构。直到 1290 年，忽必烈在晚年再次调整了行省建制。他将山东、山西、河北等地直接划归中书省管辖，称为"腹里"。腹里以外的地区则分置岭北、辽

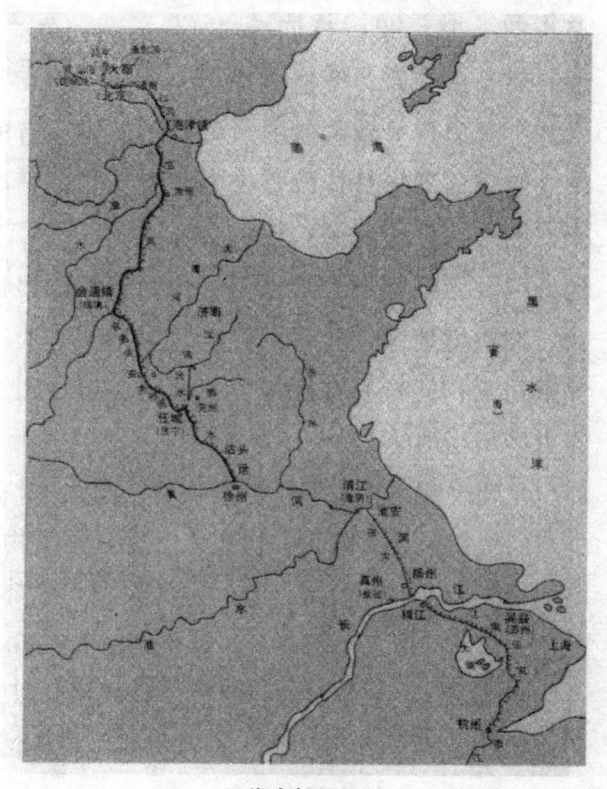

元代京杭运河

阳、河南、陕西、四川、甘肃、大理、江浙、江西、湖广十个行省。自该年始，行省各长官不再是中书省衔。这样行省就成为了最高地方行政机关。不过，吐蕃和畏兀儿地区另立管辖机构，不在这一范围之内。

在元代，中书省与行省以下的行政区，划分为路、府、州、县四

元·金蜻蜓头饰

级。路设总管府，置达鲁花赤、总管、同知各一员。一般州、县归路管辖，县由州管辖。府的地位有些不同，有的直接归省管辖，有的归路来管理。不过具体的管辖归属要看具体情况。而路、府、州、县按人口的多寡，地域的广狭，又分为上、中、下三等。距离行省机构远的地区，元朝则设置宣慰司，作为省的派出机构。宣慰使依旧没有军权。在边境地区，元朝则置宣慰司都元帅府，使宣慰使皆兼帅权。在宣慰司下，还设有宣抚司、安抚司、招讨司、长官司等。这些地区的官吏多用当地土官。

元朝时期，县以下，坊里制与社制并存。坊是指隅和坊，都是城市的基层组织，设有隅正、坊正来管理日常事物。在乡村地区的基层组织机构则分为乡和都两级，有的地区仅有乡或都一级。在乡设里正，在都设主首，用来管理乡都事务。除此以外，1270 年，忽必烈又颁布了"农桑之制 14 条"，规定在农村普遍推行社制，以 50 家立 1 社，选择年长通晓农事的人为社长。设立社的目的是为劝导农业、维护乡村秩序。社制在部分城市中也得以推行。

二、海都的叛乱

在忽必烈对付南宋的时候，元朝的北方，蒙古草原上也出现了叛乱。窝阔台的孙子为了夺取汗位发动了叛变。

在海都起兵之前，消息就已经传到了忽必烈耳中。忽必烈对群臣说："海都是朕的宗室，我不希望再发生和阿里不哥一样的事情了，应当怀之以德，所以我要派一个谨慎稳妥的人前往，去设法说服他。"经过仔细考虑后，达鲁花赤铁连被认为是最佳人选。忽必烈召见了他，对他说："这件事情非你前往不可，你可先到宗王蒙哥铁木王处，商讨一下对策。"

铁连接命后，打算先到海都处探其虚实，然后再和诸王商讨对策。可副使担心被海都杀害，不愿意前往。铁连见状，厉声说："我亲领天子密旨，不听令者格杀勿论。"副使这才不得已跟随铁连到了海都那里。海都知道自己的准备还不充分，就天天召集宗王宴饮，一来拖延时间，二来想找机会杀害铁连。铁连看出了他的用意，故意对副使说："多吃饭，少说话，免得被人抓住口实定罪。"海都也是蒙古的豪杰，他听了铁连的话愕然说："你说话真是直爽啊，不过我不怪你。"于是，海都有了想要收买铁连的想法。酒宴过半，铁连请求赏赐几件衣服。海都很欣赏铁连，就打算把自己的皮裘赏他，却被后妃制止，最后只赏赐了两件皮衣。铁连走后，海都不无感叹："当使臣的能像铁连那样就不错了。"

铁连从海都处来到了蒙哥铁木王处，叙述了海都的情况。蒙哥铁木

王听后说："祖宗成训，凡反叛者，人人得而诛之。如通好不从，朝廷发兵进剿，我立即举兵响应。"

　　得到了蒙哥铁木王的明确回答，铁连不辱使命，安全回到元廷，上奏说："海都兵多而精，不宜速战，他要是来攻，我们则应坚垒以待，长期消耗他，他就无力作乱了。"忽必烈听后也赞成铁连的意见，命铁连在朝会时穿上海都赐的衣服，并饰以黄金。跟着下诏封皇子那术罕为北平王，率兵镇守北方，以防患于未然。

　　1268 年，海都正式举兵，反叛忽必烈。消息传来，忽必烈因准备充分，不慌不乱，他一面检阅军队准备迎战，一面派户部尚书昔班前往海都处，让海都罢兵来朝，将军事与政治巧妙地结合到了一起。昔班见到海都后，讲明了利害，海都也自知师出无名，表示愿意听从。可不料还未等昔班离开海都的军营，丞相安童的部队就已经和海都的部下交战了，并夺取了海都的辎重。海都气愤地对昔班说："我念及你和我的父亲曾一起读过书，所以我不杀你，你回去把安童进攻我的事上奏给大汗吧，这次的战争可并不是我要挑起的！"就这样，一场耗时 30 多年的战争开始了。

　　这场战争的初期，元军正集中精力对付南宋，无法抽调出足够的兵力北上，所以处于防御状态。海都善于用兵，他的士兵又剽悍异常，因此，曾多次打败忽必烈的军队。忽必烈命皇孙甘麻剌和大将土土哈等出

元·打猎图

讨，结果都被海都打败，幸亏土土哈设伏以待，海都方才退兵，但和林已经失陷。

忽必烈立即北上，赶到漠北，亲自征讨海都，但海都已闻风远遁，忽必烈也毫无办法。南宋临安投降后，忽必烈把老将伯颜调往漠北，出镇和林，扭转了战局。

在伯颜镇守和林的数年里，海都曾多次发兵来攻，最终均被打退。这时，有人诬告伯颜"出居北方，与海都通好，所以无尺寸之功"。忽必烈疑信参半，令御史大夫玉昔帖术儿取代他，伯颜退居大同，另行安排。就在玉昔帖木儿将要到达和林的时候，海都又一次发起了进攻。于是，伯颜派人告诉玉昔帖木儿说："请你暂停前进，等我打退海都后，你再前来。"凡事以大局为重，不顾个人安危，再一次体现了他的名将风采。伯颜与海都激战七天，且战且退，部下诸将都认为他怯懦，忿忿地说："将军如果惧战，为什么不把兵权交给御史大夫？"伯颜笑笑说："海都孤军深入，半路檄击，他必然逃跑，诱敌深入，一战可擒。你们必欲速战，如果海都逃跑，谁负此责？"诸将说："我们负责。"伯颜无法，只好纵军出击，海都果然兵败逃跑。他把玉昔帖木儿召至军中，授给他领兵的符印。皇孙铁穆耳当时受命抚军北边，置酒给伯颜饯行，席间他问伯颜说："你就要离去，可有什么话要说？"伯颜举着酒杯回答："对酒和女色要谨慎，军中纪律要严，恩德不可废。"铁穆耳点头同意。历史上的许多事情都是那么让人无奈啊！

1294 年正月，忽必烈辞世，成宗铁穆耳即位。从 1297 年开始，元军多次出击海都，双方互有胜负。不久海都的部将笃哇偷袭元驸马阔里吉思的防区。阔里吉思一面迎战，一面通知相邻的三个戍守将领带兵相助。哪知那三人酒醉，喝得烂醉如泥，根本无法带兵。结果阔里吉思因兵少战败被擒，不屈而死。成宗气愤地下令逮捕了那三名玩忽职守的将领，但人死终不能复生。这时，叛军中的诸王药不忽儿、兀鲁思不花与大将朵儿朵哈向成宗的军队投降。成宗担心其中有诈，就派人前去监视。

这一举动立即惹恼了兀鲁思不花，他一怒之下，纵兵抄掠，结果却反被成宗击败俘获。药不忽儿则未敢轻举妄动，所以成宗念及是宗室至亲，也就未对他采取措施。朵儿朵哈则先后两次叛逃，不过都被抓住。成宗本想杀他，朵儿朵哈则表示愿意将功折罪，药不忽儿也为他求情，并要求同行，最后终于得到了成宗批准。两人在今新疆吐鲁番一带设伏，击败了海都的大将笃哇。

元·青白釉僧帽瓷壶

　　这以后，成宗先用阔阔出镇守北方。阔阔出指挥无方，造成元军军心浮动。于是在 1301 年，成宗改任海山接替了阔阔出。海山率军与海都在和林附近展开激战。战场上，双方都死伤惨重，僵持不下。就在这时，海山的部将见笃哇纵横驰骋，一箭射中了他的膝盖，笃哇惨号逃去，他的兵将也随之败逃。这就致使海都陷入了孤军奋战的境地，最后也只好战败撤退。海都在战斗中也受了重伤。回到部落后不久就死去了。

　　海都死后笃哇与元廷议和，合力消灭了海都的残余势力，最后分割了窝阔台汗国。一场长达 30 多年的汗位争夺战就此落下帷幕。

三、出兵日本

中日自古交往密切，唐代以来日趋频繁。到南宋中叶，日本进入幕府时期，建立于 1186 年的镰仓幕府在对华贸易和文化交流方面采取积极态度，热衷于引进中国的禅宗，因此，日本与南宋间的贸易往来从未间断过。然而，这一时期日本政府与统治北中国的金朝几乎没有任何往来，更没有和代金而起的蒙古发生接触。直到 1270 年，蒙古改"元"以前，日相菅原九成在《赠蒙古国中书省牒》中还说："蒙古之号，于今未闻。"

在忽必烈统治中原以前，蒙古帝国的前四汗，成吉思汗、窝阔台、贵由和蒙哥都对马蹄所不及的海国日本未曾留意过。直到 1265 年，高丽人赵彝向忽必烈报告说："日本与本国邻近，汉唐以来都通使中国，可令高丽向导与之通使。"忽必烈才注意到日本的存在。

1266 年 8 月，忽必烈派遣兵部侍郎黑的、礼部侍郎殷弘来到已经臣服蒙古的高丽，要求高丽协助蒙古晓谕日本，使其臣服。国书的内容大致如下：

大蒙古国皇帝奉书日本国王：朕惟自古小国之君，境土相接，尚务讲信修睦。况我祖宗，受天明命，奄有区夏，遐方异域，畏威怀德者，不可悉数。朕即位之初，以高丽无辜之民久瘁锋镝，即令罢兵还其疆域，反其旄倪。高丽君臣，感戴来朝，义虽君臣，欢若父子。计王之君臣亦已知

之。高丽，朕之东藩也。日本密迩高丽，开国以来，亦时通中国，至于朕躬，而无一乘之使以通和好。尚恐王国知之未审，故特遣使持书，布告朕志，冀自今以往，通问结好，以相亲睦。且圣人以四海为家，不相通好，岂一家之理哉。以至用兵，夫孰所好，王其图之。

由此可见，忽必烈的这封国书实际上是一封通牒。

尽管在 13 世纪，高丽沿海受到日本海盗的侵扰，但毫无疑问，高丽人希望避免战争。在这种情况下，高丽人处于两难境地，他们采用了折中的谋略。他们护送蒙古使者到达巨济岛以后，高丽宰相李藏要了一些手腕。他知道蒙古人从来没有横渡过日本海峡，于是，他以"风涛险阻"为借口，再三劝阻蒙古人返回。尽管蒙古人也看出这是一个骗局，但高丽人在表面上信守了承诺，在礼仪上也面面俱到，最关键的是如果得不到高丽人的帮助，蒙古人无法出海。没有办法，这次晓谕的计划只能取消。

晓谕的失败使忽必烈勃然大怒。他对高丽王进行了严厉申斥，严令高丽立即与日本交涉，使日本臣服进贡。在这种情况下高丽王室无可奈何，只好在 1267 年 9 月 1 日再度派使者前往日本劝降，结果在日本太宰府滞留长达五个月，最后被遣还。1268 年，忽必烈又令高丽王派大臣陪送黑的等赴日，使者抵日本对马岛，日本人拒而不纳，只捕得日本岛民塔二郎、弥二郎回朝复命。忽必烈对这两个日本人说："今天朕要你们的国主来我元朝朝贺，并不是要逼迫你们，只是我想要垂名后世而已。"在后来的一段日子里，忽必烈让这两个日本人游览了燕京。1269 年 6 月，命高丽派使臣金有成送他们返回了日本，并传递了用中书省名义写给日本国的信。日本收到忽必烈的国信后，日相营原九成起草了复牒，可却被镰仓幕府否决，未能交付给来使。在这以后，蒙古、高丽的使者来往于日本海，从 1269 年到 1272 年前后又进行了五次交涉，均被日本拒绝。

日本的镰仓幕府对蒙古的态度如此强硬是有着多方面原因的。首先，

日本当时正处于变革时期，社会动荡，为了维护镰仓幕府的统治，镰仓幕府的统治者北条时宗就不能在对外政策上表现出软弱，使国内的反对派对自己的地位构成威胁，否则他的统治就可能在顷刻间瓦解。另外，忽必烈本人的傲慢态度也不能让拥有无边的大海——这一天然屏障的大和民族屈服。毕竟当时的日本人对中国的这个新兴政权并不了解，更何况忽必烈根本就没把这个海上的岛国放在眼里，在谕诏上口口声称日本天皇为"小国之君"。在这几次交涉中，日本对元朝使者的态度一般是扣留或驱逐，因此，可以看出尽管抵抗的态度非常明显，但镰仓幕府还不想走到最后一步——兵戎相见的地步。

1274 年，和南宋的襄樊战役已经结束，蒙古人有了足够的精力去对付不听话的日本了。这一年的 11 月，蒙古与高丽的联军共 2.8 万人，乘坐 900 艘海船从高丽合浦出发，向日本发动了第一次远征。应该说这次的远征，是元朝征服日本的最佳时机，因为镰仓幕府并没有预见到元人的突然进攻，他们没有足够的防备。史实也说明了这一点。元朝的远征军很快就渡过了对马岛西海域，在对马岛登陆。这里的日本幕府守军很少，但很顽强。日本守护代宗助国勇敢地率领着 80 名骑兵迎战元军，最后全部战死。跟着远征军又在一支岛登陆，只一天便攻陷岛城。幕府守备部队崩溃，守护平景隆自杀。随即联军很快就逼近了肥前松浦郡，幕府在这里的军队也很快就被打败了。

直到这个时候，幕府方面才得到元军大举入侵的战报。日本人很快做出了反应，他们在镇西奉行少二资能和大友赖泰的指挥下，向元军可能登陆的沿海地带集结。10 月 19 日，元军到达博多湾。第二天在今津、博多一带登陆。元军与日本武士在这里展开了激烈战斗。这是一场血战，战斗一直持续到日落。元军副将刘复亨在战斗中负伤。日本武士所付出的代价则更高，伤亡惨重，博多、箱崎各地均已沦陷。逐队赶来参战的九州各武士团也被元军逐一击溃，被迫向大宰府水城方向退却。

而就在这一时候，元军内部的蒙古与高丽两方的将领发生了分歧。

高丽名将金方庆主张一鼓作气解决九州岛的战役，然后静待己方的援军。而蒙军将领忻都与洪荣丘被日本武士那种顽强的战斗意志所震撼，他们考虑到士卒疲劳，将帅负伤。为防止日本武士夜袭，最终决定先撤回海船暂歇。现在回顾这段历史，如果当时采用了金方庆的主张，日本的命运就要发生变化了。

当天夜里，博多湾风高浪急，联军海船多触礁沉没，将士之中落水溺死者无数，军心极度动摇。在这样的状况下，继续作战已完全没有可能，于是残军撤退，第一次远征以失败而告终。此役发生在日本龟山天皇文永十一年，日本史上称为"文永之役"。

如果说元军第一次远征的失败是一种巧合的话，那么第二次远征的失败就要在军事准备与指挥两方面，做相当的自我检讨了。

1279 年，南宋灭亡。元朝开始了第二次远征的准备工作。从物质方面

元·吴哥古迹浮雕

的准备来说，这次远征无可挑剔。这次，元人不止在高丽建造战舰，还同时由南宋的降将范文虎指挥，在江南一带也开始大批建造海船。经过了相当长时间的准备，1281 年远征开始。忽必烈的计划是：元将忻都、洪荣丘和高丽将领金方庆率领 4 万远征军组成东路军，依旧从高丽合浦出发；另一路由阿剌罕、范文虎率领 10 万南宋的新附军，自

浙江宁波出发。两军于一岐岛会合，共同攻击日本。为了保证远征军持续作战的能力，忽必烈指示远征军携带锄头、铁锹等农具以备登陆后就地屯垦之用。

5月3日东路军首先从合浦出发。于当月21日，占领对马岛和一岐岛。但他们没有按照忽必烈的指示，在一岐岛就地休整，等待南军会合。东路军在一岐岛只停留了不太长的时间便继续远征。6月6日，东路军到达博多湾，这次就没有上次那么顺利了。幕府在这里建起了堡垒，进行了严密防御。东路军只好在博多湾的中志贺岛和能古岛下锚，自始至终无法登陆博多湾。

在志贺岛有狭长海滩通往陆地，远征军只能利用退潮时这一海中通道与日本武士进行殊死拼杀，无法发挥其集团作战的能力。加之是在海上，骑射与火器战术也失去了效用。战斗持续到6月13日，元军伤亡甚众，却毫无进展。

东路军见无法独力登陆博多湾，决定先回一岐岛与南军会合。但到达一岐岛后，东路军却发现南军并未到达。由于欠缺粮草，加上海上疫病肆虐，东路军军心开始动摇。忻都、洪荣丘提出撤回高丽，而金方庆对此表示反对，将领间出现了对立的情绪。这时江南军的先头部队到达了一岐岛，说明了南军失约的原因。原来南军统帅阿剌罕急病，忽必烈只好任命阿塔海取代。可阿塔海却迟迟未能到任，范文虎只好先把情况通知给东路军。就在东路军等待南军的时候，日本方面组织了一次冒失的出击。从6月29日到7月2日，尾随南军先头部队而来的日本武士对一岐进行了两次攻击。但很快就被火力强大的元军击退了。

7月上旬，范文虎久等统帅阿塔海不至，擅自率领南军出发，和东路军在平户岛附近会合。就这样，一个多月的时间白白浪费掉了。而利用这段时间，日本幕府已经做好了战斗准备。7月27日，远征军东进，占据鹰岛，开始为登陆日本本土做准备工作。就在这天晚上，突然又刮起了台风。因为元军以船为寨，台风一起，战船由于靠得太近，无法散

开，相互撞击，大部分沉没。这场台风，在日本历史上被称为"神风"。台风过后，元军统帅落魄丧胆，竟然抛弃大部分军队，率领残存的船只退往了大陆。致使遗弃的数万士兵失去统帅，让日本武士在海上逐渐歼灭。日本人杀死了蒙古人和高丽人，而认为俘虏中来自南宋的新附军是唐人，所以留作为部民。

规模浩大的第二次远征日本就这么失败了。14 万人回到中国的还不到原来的五分之一。

第二次远征日本失败后，忽必烈一直都在计划做第三次远征，而由于江南人民的起义反抗，直到 1294 年，忽必烈征伐日本的计划也没能成功。忽必烈逝世后也就再没人提及了。

虽然元朝与日本官方一直关系紧张，但双方的贸易与民间往来一直不断，文化交流仍然十分繁盛。双方政府不但不加禁限，而且有意促成。1277 年，有日商持金来换铜钱，元朝给予准许。第二年，允许海官司同日本国人进行沿海贸易。1279 年，日本大商船四艘载商人、水手两千余人到达庆元，经查明确定确实是来经商的，便批准交易。在元朝，可考证的与日本的贸易往来就有近 50 年的历史。有时就是日本官方的商船为筹集建寺经费和其他目的，也会来元朝贸易。如日本幕府于 1325 年为修建长寺、1328 年为造镰仓大佛、1341 年为建天龙寺都派过商船到中国进行贸易。

在中日交易中，中国输出的商品主要是瓷器、香药、经卷、书籍、绘画、什器、绫罗锦缎以及铜钱等；从日本输入的主要有黄金、刀剑、木材、扇子、螺钿等。另外除商人外，来中国的就以禅僧为最多。禅宗在日本因得到幕府和武士阶级的尊崇而大为兴盛，在元朝统治时期，来华参礼禅学在日本的僧人中蔚为风气。在元代史册中留名来华日僧就多达 220 余人。他们中不少人不仅禅学精湛，文章、书画亦佳。日僧雪村友梅住元朝 20 年，就曾拜访赵孟頫切磋书艺。据说他的书法笔势雄浑，使赵孟頫大为惊叹，同时，赵孟頫的书画也在日本大受推重。

四、元朝与吐蕃的关系

　　忽必烈改"元"之后，就对吐蕃地区加强了中央的管辖。在元朝，对吐蕃地区的管理，采取了设立宣政院，宗王分镇与帝师的统领，完善地方机构和设立驿站，统计户籍等措施。由于吐蕃地区封建制的确立与藏教的形成相辅而行，在经济上也出现了二者同步发展的局面，因此，元朝在吐蕃地区的管理也多采用政教合一的方式。其中，最重要的一点

八思巴会见元廷使臣图

105

就是用具有政教合一身份的帝师对吐蕃地区进行管理。

帝师其实是元代皇帝授予藏教僧人的最高神职。元代的第一位帝师是八思巴，可以说在中央与吐蕃的关系中，八思巴起到了重要作用。

八思巴生于 1235 年，是藏教萨迦派高僧萨班的弟子，同时也是他的侄子。"八思巴"在藏语中的意思是"圣童"，是藏民给他的美称，因为八思巴 7 岁时就能熟读佛经，知道经文的大意了。1247年，萨班到凉州与阔端谈议吐蕃归附蒙古的事项，年仅 8 岁

过街塔刻文——八思巴蒙古文

的八思巴也一同随行。萨班走后，八思巴作为人质留在了凉州。这样，他童年的大多数时间就多是在蒙古人的宫廷中生活，所以八思巴受蒙古文化的影响很大。萨班去世后，15 岁的八思巴作为萨班的继承人，到六盘山拜见了忽必烈。忽必烈一见到他就非常喜爱，把他留在了身边。

八思巴 19 岁的一天，他给元帝忽必烈讲授《喜金刚·大灌顶》时对忽必烈说："藏教是从天竺传来的。佛法的宗旨是要救度一切众生，引导众生到达涅槃的境界，过极乐世界的生活。要达到这个境界，必须严格遵守三藏经典中所阐述的戒律而修行。假如一个人违背了三藏中的戒律，他将转生在阿鼻地狱中受苦……"可见八思巴是位虔诚的藏教高僧。

1260 年，忽必烈抢在阿里不哥前宣布继承大汗，出于政治上的考虑，他封八思巴为"帝师"，赐玉印。1264 年，忽必烈设立了专门管理

全国佛教事务和西藏地方军政事务的机构——总制院，也就是宣政院的前身，命刚刚 29 岁的八思巴掌管，到后来，由帝师管理宣政院也就成为了一种惯例。有了宗教势力的帮助，元政府对吐蕃的工作就容易展开了。不久，元政府就开始在西藏设立起地方行政机构和驿站，根据吐蕃的物产分布情况，重新划分了行政区域。元政府还对吐蕃地区进行了人口普查，在前藏和后藏分别设立了 13 个万户，各万户兼管军事民政，皆由八思巴领导。这样一来，八思巴既是西藏的宗教领袖，同时也成为行政首脑，一个"政教合一"的新政体在西藏出现了。

政教合一的政体对吐蕃地区经济的发展起到了积极作用。元政府赐给帝师庄园土地，使帝师成为了吐蕃地方的大封建主。这些是按照圣旨赐给八思巴的土地，不负担府库及驿站等汉地、吐蕃的任何税赋差役。而由于帝师的特殊身份，他领导下的乌思藏宣慰使司及下辖的诸万户、千户，吐蕃等处的各路宣慰使、司、都元帅府及安抚司、招讨司、元帅府等长、使，也因拥有一定数量的庄园而成为大小不等的农奴主。这就使吐蕃的经济形式具有了封建性质，促进了当地的经济发展。

吐蕃的政局稳定，社会安定，在农牧业稳定发展的基础上，在元朝多民族统治的庞大帝国中，手工业与商业也有了一定的发展。吐蕃的手工业多以家庭为生产加工单位。牦牛尾制作的帐篷以及羊毛织成的各种织物，种类繁多，质量精美，"毛布"、"花毯子"、"藏地哔叽"、"氆氇"等，都广受人们喜爱。乌思藏的细氆氇尤为著名，是上贡的佳品。

元·《蒙古文韵》

至于金、银、象牙、珍珠、银珠的加工品和吐蕃当地的特产藏红花、木香、牛黄、虎、豹、水獭皮张、麝香等，既是贡品，也有一部分进入市场成为了贸易商品。

因元政府的扶持，吐蕃文化在这一时期也有了相当大的发展。这种发展不是单方面的，而是相互促进的。以萨班与八思巴叔侄贡献最大。萨班与阔端商定吐蕃归附蒙古的条件后，留在了凉州，从事佛教传播工作。他发现当时蒙古人使用的畏兀儿蒙文有不完备的地方，无法标注、翻译一些梵文、藏文。为了传播翻译经文的需要，萨班便对畏兀儿蒙文加以完备，在畏兀儿字母的基础上增加了藏文表音字母，形成了一套新的字母。这套字母的出现对后来八思巴创造蒙古新字无疑有很大的影响。

成吉思汗所创造的蒙古文字存在着许多不完善的地方，这一点忽必烈也意识到了。在他于 1260 年宣布登上蒙古汗位后就命八思巴开始制定蒙古新字。八思巴同萨班一样，也是借用藏文字母，创制了 41 个新蒙古字母以拼写蒙语，这一新的拼音文字在 1269 年正式公布使用。元朝统治时期，官方文书一律用八思巴创制的蒙古新字译写。今天我们从保留下来的元代碑刻上，还能看到这种文字。

1280 年，八思巴去世后，历代藏教首领成为"帝师"，受朝廷的委托，执行朝廷命令，管理西藏政事，就成为了一项没有明文的规定。

吐蕃文化在元朝也显现出了前所未有的繁荣。藏族长篇史诗《格萨尔王传》就大约形

元·八思巴文金字银牌

成于元代。这是中国文学史及世界文学史上罕见的史诗巨作，一百五十多万行，一千五百多万字，歌颂了藏族英雄格萨尔王的伟大业绩。

另外藏族史学作品也是在这一时期得到了发展。元代藏族学者读史、撰史之风兴起。十五卷本的《萨斯迦全集》是萨斯迦五祖的全集，其中包含有重要的原始资料。现存最古老的藏文史籍之一的《红史》，于 1346 至 1363 年由公哥朵儿只写成，对后代藏史的创作产生了重要的影响。同时很多中原史书也被翻译成藏文，起到了文化促进作用。如汉族译师胡将祖把《唐书·吐蕃传》和《资治通鉴·唐记》译成藏文，并由喇嘛亦邻真乞刺思刊行。史书的编译整理，为后世留下了宝贵的文化遗产。

吐蕃地区佛教的发展，也推动了寺院建筑业的发展。各种建筑、绘画、雕塑艺术都在原有的基础上得到提高，艺术风格得到更好的吸取利用。如搽里八的领主请汉族巧匠修建汉式佛殿，还有拉当寺弥勒佛、沙鲁寺的莲花雕刻，都吸收了元代汉地的雕塑风格。而萨斯迦寺的黄金塔、沙鲁寺的几幅"供养天"壁画则由尼泊尔工匠完成，并受到了印度文化的影响。

总之，在元代大一统的客观环境下，吐蕃文化吸收融合了其他地区民族的文化，不断完善提高，得到了长足发展。

元·八思巴字"大元通宝"

五、赛典赤治大理

赛典赤，一名乌马儿，本名赡思丁，回族人。他出生于不花剌，今乌兹别克斯坦的布哈拉，是伊斯兰教创始人穆罕默德的后代。"赛典赤"就是"圣裔"的意思。成吉思汗西征时，他只有十几岁。他主动率部归降，得到了成吉思汗的赞赏，以后就以宿卫的身份跟随成吉思汗左右。成吉思汗从来不叫他的本名，总是称他"赛典赤"，于是"赛典赤"这个称呼也就反客为主成了人们对他的习惯尊称。史书上多称他为赛典赤赡思丁。

忽必烈统治时期前，赛典赤已先后辅佐过成吉思汗、窝阔台、贵由和蒙哥四位蒙古大汗，到忽必烈时，可说是"五朝元老"，因此深受忽必烈的信任与器重。

1254 年，忽必烈领军平定大理后，留大将兀良哈台经营大理。在这一时期，蒙古人在大理设置了近 20 个万户府，然而除万户以上的大元帅、都元帅等职由蒙古人担任外，原大理王族段氏仍掌有相当部分的实际权力。忽必烈即位后，把第五子忽哥赤封为大理王，希望能通过这种方法控制住大理地区的不稳定局势。可没想到忽哥赤到达大理后反而使局势更加复杂，不久就被自己的部下毒死了，大理形势更加动荡。在这种情况下，忽必烈决定在大理建立行省，加强中央的统治，于是，他派富有经验的老臣赛典赤赡思丁去大理进行治理。

1274 年，忽必烈把赛典赤召到近前说："大理是朕亲自平定的，却因用人不当使远方的人感到不安。现在我想要选择谨慎厚道的人去治理，看来朝廷上下没有比你更合适的人了。"赛典赤临危受命，他马上开始着手对大理地区的山川地理、驿舍军屯、夷险远近等情况进行了解，并找到对大理情况熟悉的人画出地图，献给了忽必烈。忽必烈看到地图，十分高兴，正式授命赛典赤为平章政事，在大理建立行省，拨钞五十万缗、金宝无算。

赛典赤还没有到达大理，宗王脱忽鲁就得到了消息。脱忽鲁坐镇大理不久，是个粗人。他听信部将的谗言，以为赛典赤到这里来是消藩夺权的，立即披挂整齐，率领士兵准备和赛典赤决一死战。赛典赤听说这件事后，就在大理境外停了下来，先派自己的儿子纳速剌丁去见脱忽鲁。纳速剌丁对脱忽鲁表明了来意，他说："大汗因为过去派到这里来治理的人治理无方，造成各国叛乱，所以命我的父亲到这里来安抚，整顿边境地区秩序。现在父亲在大理境外扎营，不敢对大理的事物专断处置，希望宗王派一个人过去和父亲共同研究。"脱忽鲁听了这话，所有的顾虑都打消了，他气呼呼地对左右说："我差点叫你们给害了！"

第二天，脱忽鲁派自己的两名亲臣撒满和位哈乃与纳速剌丁一同来见赛典赤。因为两人没有爵位，所以不好用朝廷礼仪接待。赛典赤就问他们："应该用什么礼仪来见你们呢？"两人十分乖巧，回答说："我们和纳速剌丁一同前来，视如兄弟，请就像对待自己儿子一样就可以了。"跟着两人献上名马，对赛典赤跪拜行礼极为恭敬，旁观的人都十分惊讶。随后赛典赤设宴款待了他们，让两人用镶嵌着宝石的金制酒器饮酒。宴会后，将这些物品都给了两人，两人大喜过望。过了一夜，酒醒后，他们来向赛典赤道谢。赛典赤对他们说："你们两人虽然是宗王亲臣，可惜没有爵位，按规定是不能参议国事的。我想要授予你们行省断事官的职位，遗憾的是没有见到宗王，不敢擅自做主。"于是让一个人先回去，向脱忽鲁禀报。脱忽鲁听后怎么能不高兴呢，

从此以后大理政令全由赛典赤做主。

赛典赤任职不久，大理萝盘甸的纳西族人发动了叛乱。赛典赤带兵前往征讨，面色忧郁。将帅们看到了，其中就有人问赛典赤原因。出兵打仗主帅要是怯懦了，那可是兵家大忌。可没想到赛典赤回答说："我并不是担心这次出征会失败，我所忧虑的是你们会毫无顾忌地使用你们手中的兵器，去杀死那些不幸而且无辜的人。我还忧虑，等叛乱平定后，你们去抢掠平民，致使百姓无法生存，再度引起叛乱，那时我们就还得派兵征讨了。"大军开抵萝盘甸城下，围城三天，萝盘甸叛军毫无降意。诸将请求攻城，赛典赤不同意，派遣使者进城谕降。萝盘甸城主佯装同意。三天过后，毫无动静。这可把元军将领们急坏了，他们再次请求攻城，又被赛典赤拒绝。一些将官实在沉不住气了，擅自发起了进攻，赛典赤大怒，立刻鸣金制止，随后将擅自攻击的将领押来斥责说："大汗命我安抚大理，没有叫我来大肆杀戮。没有得到主将的命令就擅自进攻，论军法当诛。"经其他将领的劝说，才将这些擅自进攻的人暂时免去一死，等待攻取萝盘甸城后再做处置。萝盘甸城主听说后，深有感触地说："平章大人这样宽厚仁义，我要还是抗拒不投降的话，就要遭报应了。"于是出城投降。西南其他地方叛乱的少数民族听说后也都纷纷闻风归附了。这以后，归附的少数民族酋长经常来晋见赛典赤。所献纳的物品，赛典赤全都分赏给跟随酋长而来的人，或分给贫民，丝毫不做保留。酋长们从没见过像赛典赤这样不歧视少数民族、不搜刮财物的蒙古官吏，都非常感动。从此大理局势稳定下来，在相当长的一段时间里，没有发生过大规模的地方叛乱。

在稳定大理局势的同时，遵照忽必烈的指示，赛典赤在大理建立行省，开省置于中庆（今天的昆明），限制住了段氏的势力。随后他开始为大理的长治久安考虑，进行了一系列的改革。首先，他实行军民分治政策。赛典赤建立起了各级政权机构，设置路、府、州、县各级政权，规定行政官由朝廷委派，在一定范围内统一了行政权。军事上，赛典赤下

令千户、万户等武职官员一律不得过问民政。在少数民族地区，为化解民族矛盾，他委任当地民族官员，安抚当地土官，从不轻易使用武力。为了加强大理与内地的联系，赛典赤也改善了大理的交通环境，使大理与内地的关系更加紧密。经过赛典赤的努力，在大理成功地建立起了行省，使大理重新归属到了元政府的直接统辖范围以内。

赛典赤在大理建立起行省后，先开始着手大理的经济恢复。他清查户田，整理货币，整顿赋役，屯田垦荒，赈灾恤苦，不久就收到了明显的效果。"民以食为天"，为了能够大力发展农业生产，赛典赤十分重视水利工作。当时大理滇池地区由于政事不通，水利无人管辖，造成水患连年成灾，百姓生活苦不堪言。赛典赤要发展农业，滇池地区就一定要得到治理。

赛典赤经过调查后，设计了周密的规划。他决定分上、中、下三段对滇池流域进行整治。在滇池上段地区，他于鸣凤山与莲峰山之间最狭窄处的松华山谷修建了松花坝，用来积蓄青龙潭、黑龙潭两股水源和雨季降水，起到了旱时启闸灌溉田地，涝时封闸减缓下游水患的作用。在中段，赛典赤重点整治盘龙江等河道。他组织人力开挖银汁河、金汁河、马料河和宝象河以分流盘龙江水，使河道沟渠形成网络，一来减轻水患，二来便利农灌，一举两得。为了防止水土流失、稳固堤坝，他还让人在堤上种植柏树，形成了一道美丽的风景线。直到今天，一些河堤上还存活着七百余年前的元代古柏，真可说是功盖千秋啊！对于滇池流域下游地区的治理，他重点放在疏浚海嗣河上。在这里，赛典赤一个 60 多岁的老人，同自己的儿子们一起，率领着 2000 多民夫，疏通出长达 20 余里的河道，将滇池水与螳螂川沟通，经普度河汇入金沙江。经过赛典赤的治理，滇池水位大大降低，水灾基本治住，同时又得到了万顷良田，对大理地区的经济发展起到了直接作用。

赛典赤明白，大理时常叛乱不仅是因为元政府的高压统治与贪官的剥削，还存在着文化差异问题。大理地区民族众多，而且多处于茹毛饮

血的原始氏族部落形态，与
中土文化的发达不可同日而
语。巨大的文化落差，必然
导致民族歧视与种族不和。
因此，赛典赤在大理地区根
据当地实际情况实行了大胆
且谨慎的文化革新。

在大理地区赛典赤贯彻
"汉化"政策。这一时期，
处在氏族部落形态下的大理
男女结合，往往自相配偶，
亲人死后火化了事，没有丧

元·蓝釉白龙纹瓷盘

葬祭拜这些说法，读书、农耕、采桑纺织一类的事就更是没有了。赛典
赤经过区分，对像白、苗这样文化较为发达的民族进行了系统的汉化政
策。他设立州、县学堂，兴建孔庙，提倡孔孟之道，推广拜跪礼节，婚
姻由媒人介绍，死者用棺材埋葬的汉族习惯。通过这些封建文化和风
俗的普及，使大理与内地的文化风俗进一步靠拢，从而达到了稳定统一
的目的。到元明之际，大理士人中流行的文化已与中土文化没有什么差
别了。

赛典赤治理大理 6 年，为善甚多。1279 年，他死于任上，时年 69
岁。儿子纳速剌丁接替了他的职务，继续推行赛典赤的治滇政策。赛典
赤的死讯传出，大街小巷的百姓都为之痛哭流涕。交趾王听说后，立即
派出了 12 名使者前来吊丧。使者号泣震野，在对赛典赤的祭辞中有"生
我育我，慈父慈母"的话。赛典赤的功绩由此可见一斑。

六、李璮的叛变

由于忽必烈的封地在中原，他成为蒙古大汗后，统治中心也就自然地移到了中原地区。因此，在他的统治中就必须依靠他的统治区域内人口占多数的汉人。也正是这样，他用汉法，兴儒学，笼络儒士。但毫无疑问，忽必烈从来就没有完全信任过他的汉人幕僚。在他的周围，掌握实际权力的仍然是蒙古人与蒙古人所说的色目人。

在忽必烈称汗不久，正当他与自己的亲弟弟阿里不哥打得不可开交的时候，他部下的一名汉族将领——李璮，发动了叛变。这场叛乱直接影响了忽必烈对汉族幕僚的态度，并更深远地影响到了蒙古人在华夏大地上近百年的统治策略。

李璮是金朝末年，趁蒙古人入侵金国时造反，割据在山东的地方势力，红袄军首领李全的养子。李全生长在金人的统治地区，并不是一个知识分子，他的红袄军很有点占山为王的土匪性质，所以很难说这样一个粗人会对汉族文化或对宋朝有什么很深的感情。李全不过是金朝末年在中原地区趁乱起兵的众多豪强地主中的一员而已，因此，他的处世之道就十分功利，反复无常也就在情理之中了。从李全的履历上也可以看出这一点，他先是在山东反金，蒙古人大军压境的时候他投靠了蒙古人。李全对蒙古人的臣服并不可靠，只是在乱世中要取得生存发展的机会，就需要一个强大的后盾而已。

当忽必烈正与阿里不哥相持不下时，中统三年(1262 年)二月，山东爆发了军阀(当时称为世侯) 李璮的武装叛乱。

蒙古人入侵中原时，把投靠他们且拥有重兵的豪强地主们封为世侯，所以李全的职位是世袭的。但李全没有亲生儿子，养子李璮便承袭父职，成为统治益都行省的一股军阀势力。1260 年，忽必烈即位后，加封他为江淮大都督，使他的身份更为显赫了。李璮虽然和李全没有血缘关系，可他却和李全一样野心勃勃，具有叛逆"血统"。忽必烈北征阿里不哥时，拨给了李璮大批的军用物资，要求他出兵助战。然而李璮却借口防御南宋，拒不出兵。在李璮的心里有一个愚蠢的念头，认为忽必烈无力两线作战，他用了相当长的时间准备叛乱，跟忽必烈很多位高权重的汉族幕僚都取得了联系。当时他的岳父王文统，任中书平章政事，事后证明他是知道李璮要发动叛变的。但这些汉族幕僚的态度十分暧昧，既没有说明要参加，也没有出面阻止的实际举动。这更使得李璮错误地认为只要自己一起兵，就会一呼百应。为了使自己起兵后取得更多人的支持，他还派人与南宋进行了联系，承诺献出自己在苏北沿海的三座城池，以表诚意。不过还没有等到南宋政府的答复，李璮就已经起兵了。

1262 年 2 月 22 日，李璮在自己的封地山东益都，正式发动叛乱。忽必烈此时正在蒙古南部的草原指挥军队攻打阿里不哥。叛乱一开始，忽必烈请重臣姚枢分析目前的形势。姚枢对忽必烈说："假如李璮趁我军现在与阿里不哥交战的机会，率

元·武僧砖雕

部沿海岸直捣中都，封锁居庸关，将我军阻拦在关外，使我军前后受敌，补给中断，以致人心惶惶，这是他的上策；而如果他先联合南宋，坚守山东，再出兵不断骚扰我方边境，使我军疲于奔命，这是中策；要是他出兵济南，想等待山东各地汉族世侯响应支援的话，那必然无人追随，最后作茧自缚而已，这是下策。"忽必烈听后忧郁地问："那李璮会选择哪一种方法呢？"姚枢回答："下策。"

　　为什么姚枢可以肯定地回答李璮会出"下策"呢？其实姚枢所说的上、中、下三策，是从忽必烈利益得失的角度说的。要是从李璮的角度进行分析的话，就很容易理解李璮为什么要"作茧自缚"了。出上策确实会给忽必烈以致命的打击，但同时李璮也会远离自己的根据地，陷入四面楚歌的境地，最终的结果很有可能是忽必烈先被阿里不哥击败；而不久以后，李璮或者也被阿里不哥消灭，或者被其他世侯从后面包抄。总之无论是哪一种结果李璮都只在为他人做嫁衣而已。中策对李璮来说是最保险的，就算失败了也可以退到南宋境内，可惜他的性子太急，还没有等到南宋的答复就起兵了，这一条也就根本不可能实行了。尽管后来南宋派出了由夏贵率领的军队北上，但双方没有达成默契，效果也就不大。很快南宋的军队被击溃，只留下李璮独自去面对元军了。这样看来，出兵山东就成为李璮的必然选择。所以说李璮只能算是个枭雄，而不是一位出色的军事家。

　　李璮叛乱后很快就占领了济南。他在济南坐等北方汉族武装出兵支援，但很快就失望了。没多久，北方汉族武装就来了，但却是奉忽必烈的命令，来平定叛乱的。同年五月，史天泽等率蒙军将济南团团围住，李璮成了瓮中之鳖。很快城中弹尽粮绝，最后士兵竟靠吃死人肉维持。济南叛军纷纷从城墙上爬下逃命。七月城破，李璮想投大明湖自尽，水浅没死成，被俘后，被史天泽斩杀。

　　李璮之乱后，忽必烈发现了李璮与王文统的往来信件，于是处死了王文统。尽管这次叛乱只持续了五个月，却影响了元代近百年的统治，

元·仪凤图

直接结果就是元朝民族歧视政策的形成。

元朝的民族歧视，也可以说是民族分化政策，其实并非开始于元朝。金人统治时期，统治者就规定了女真、渤海、契丹、汉人四种人的顺序。到了元朝，蒙古人则把这种政策进一步完善扩大。元朝根据不同的民族和被征服的先后，把全国各族人民分为蒙古、色目、汉人、南人四等。而元朝这一制度正式形成的时间，就在忽必烈统治后期。

 点评

不断征服的蒙古人在忽必烈统治时期停鞭勒马，止住了扩张的铁蹄。为什么不再继续他们征服世界的梦想了呢？是不愿，还是不能呢？答案是后者。

在忽必烈称汗前后，蒙古人的军队先后在西方的埃及与东方的日本被击败了。造成失败的原因并非来自外部的压力，而是缘于内部的力量不足。这种不足，具体表现为帝国的分裂与帝国自身体制的不够完善。

对于帝国的分裂，这里就不再多说。忽必烈的大汗身份虽然被各大汗国认可，但他却没有实际的领导权。实际上各大汗国的各种行为已经不是忽必烈所能控制的了。因此蒙古也就不可能再云集在一面旗帜下，集中力量去征服任何地方了。而当蒙古人本身落后的政治体制遇到比他

们先进的政治体制时，就显得脆弱无比。这一点在忽必烈远征日本的战役中可以很明显地看到。蒙古人在这次战役中，组织得极为混乱。来自不同地区的将领们矛盾不断，不能协调作战，最终导致失败。尤其是在第二次东征过程中，作为进攻主力的南军迟迟不到战场，这种贻误战机的举动和蒙古人对他们的不信任，与他们自身的反抗意识是分不开的。总之，当忽必烈坐在一个拥有高度文明的地区进行统治时，他不能将这里的人们团结起来。尽管，这时的蒙古帝国依旧拥有强大的潜在力量，但蒙古人却无法发挥出来。

因此，大蒙古帝国，这台巨大的战争机器停止运行，也就是必然的了。

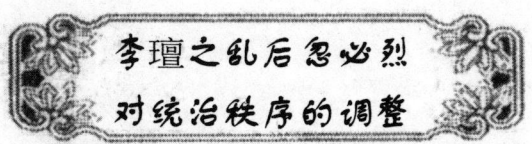

李瑾事件的发生使忽必烈意识到，掌握中原兵民大权的大小世侯，无疑是自己有效巩固和强化自身统治的最大障碍。为除后患，忽必烈以"惩青徐之乱"为由，采取了一系列削弱世侯势力的措施。

首先，忽必烈实行兵民分治制度。为避免地方势力称雄，1262 年，忽必烈下诏，使诸路军民总管，正式转变为只有民政权的官职，不再拥有兵权。如真定史家、保定张家，都一度被削去军权，只保留文职。夺取各地诸侯兵权后，1264 年 12 月，忽必烈进一步废除了一些地区的世侯制度。而对一家有数人居于要职的汉地世侯，他规定兵权与民政权不可集中在同一家族。诸侯有带兵的，他的子弟就不再掌管兵事。在这一制度下，大世

侯史天泽的子侄中有 17 人在同一天被解除兵符。最后，1266 年 5 月，忽必烈立枢密院，以皇子真金兼判枢密使，统一调度侍卫亲军和各地的蒙古、汉军万户。这样军权就完全集中控制在了元朝政府的手中。

这些措施的实施，有效地消除了汉地世侯的割据势力，同时也使得元朝政府的行政和军事两大系统中的各主要环节得以互相衔接、整合为一体。

争帝位山河几飘摇，弄权谋朝纲多混乱。

第六章
元朝的中期统治

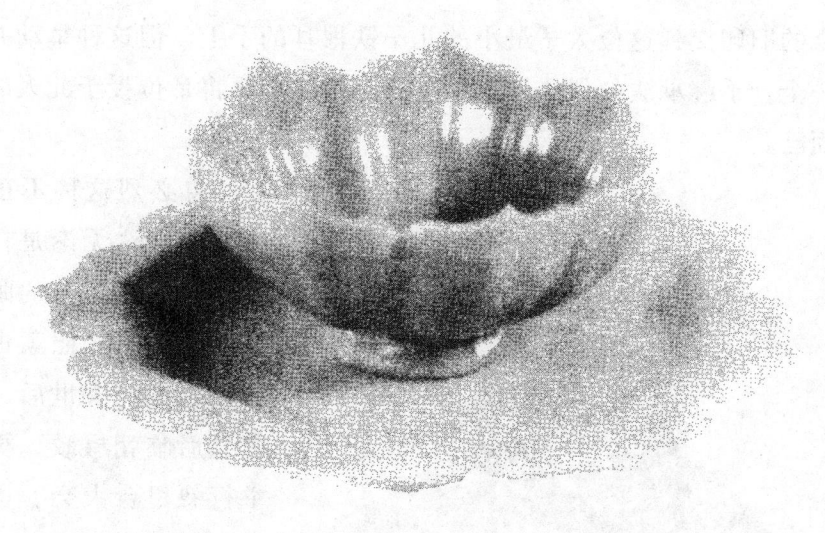

一、成宗的"守成"

1273 年，忽必烈依汉制册立真金为皇太子。但遗憾的是这位皇太子却没能活过他的父亲。1285 年，在一次意外事故中真金皇太子去世了。在这以后，忽必烈这位苍老的国君再也没有册立太子。一直到 1293 年，当他意识到自己的时日可能不多的时候，才把已故皇太子真金的旧印交到这位太子最小的儿子铁穆耳的手上。但这种举动并不是一个合乎继承法的仪式，仅仅是一个象征着要将帝位授予此人的举动而已。

成宗铁穆耳像

忽必烈这种不正规的册立方法，无论是在蒙古人，还是在汉人的眼里都是无效的。按照蒙古人的旧俗，大汗去世后，则将由皇后临朝摄政，再择期举行忽里台大会，由宗室勋旧"协谋推戴"新汗登位。在这样的过程中，皇后本人的意志就变得十分重要，甚至可以影响到新

君的人选。当年贵由的登基就得到了其母乃马真后的全力支持，以至于撤消了窝阔台生前的已定人选。

察必皇后逝世后，南必被立为皇后。忽必烈晚年，由于身体的衰老，她在朝中的权势日益增大，大臣们经常看不见大汗，各种事情多由南必皇后转奏。而南必有一个儿子，名叫铁蔑赤。因此，她是不会轻易同意铁穆耳继承汗位的。

不过忽必烈逝世之前已经意识到了这一点，他又派遣内侍对遗孀真金妃说："张留孙是我的旧臣，他一定能好好侍奉太子的。"但忽必烈清楚只这样做是不够的，必须要有一名强有力的大臣支持才行。1293 年 12 月，他将驻守大同的大将伯颜召回，决心采用中原王朝以顾命大臣宣布遗诏的方法，来实现自己的意志。伯颜是平宋战争的主帅，这时又以知枢密院事掌天下兵权，所以他是在这关键时刻擎起帝国大旗的最佳人选。1234 年 1 月，伯颜抵达大都。从这一天起，直到忽必烈去世，他与中书平章政事不忽木便始终不离忽必烈左右。伯颜回京十天后，忽必烈病逝。伯颜与不忽木于是便以顾命大臣的身份控制住了朝廷局势。伯颜"总百官以定国论"；由不忽木主持引枢北葬等治丧事宜。后来，经过伯颜的一番努力后，最终将铁穆耳拥登汗位，完成了忽必烈的遗命。在中国的史书中称铁穆耳为成宗。

成宗朝的军国重臣，基本上全是忽必烈朝后期政府的原班人马，这就从人事方面保证了按忽必烈的遗规实施"持盈守成"的国策。成宗即位后基本上停止了大规模的对外战争。1295 年停止对安南的征伐，释放安南国陪臣陶子回国，遣使持诏抚慰，将 1293 年忽必烈任命到安南任平章的大将刘国杰调到了湖广做行枢密院副使。1298 年，成宗又拒绝了大臣们建议出兵日本的计划，并在这一时期将西北防线内移，减少了与西北藩王间的摩擦。成宗的这一系列维护安定的军事举措，使饱受战争摧残的社会经济得到了恢复，"世道清平，人获休息"。对长期用兵不断的元朝起到了稳定社会发展的作用。

　　成宗的守成政策使元朝摆脱了忽必烈统治后期长期陷于泥沼战的局面，但这并不是说成宗是一个毫无武功建树的帝王。成宗用兵的宗旨可以概括为"既不开疆，也无丧土"，安定国内政治局势，恢复经济生产，维护忽必烈统治时期的疆域，成为他的统治宗旨。

　　1298 年，缅国发生内乱，阿散哥也兄弟势力增大，攻入缅都蒲甘，杀死缅王及世子宗室等百余人。缅王是经元政府册立的，被擅自废立杀戮的举动引起了成宗的警觉。忠于缅王的地方官员和出逃的缅王王子，也都向成宗告发阿散哥也兄弟藐视元朝对缅的宗主权力。1300 年元军一万二千人，取道永昌腾冲，10 月入缅作战，12 月围困阿散哥也的木连城。元军围城两个月，1301 年 2 月末，木连城中薪食俱尽。阿散哥也用重金贿赂元军将领高阿康、察罕不花等人。使元军以"天热瘴发"为由，擅自引兵撤围。同时阿散哥也派人入朝请罪，承认元的宗主权。这一年秋天，成宗处死了高阿康、察罕不花，但也认可了阿散哥也统治缅国的事实。

　　成宗即位后，并没有放弃对蒙古草原的控制。他从北边回朝继位后，任命叔父宁远王阔阔出镇守北方。1298 年冬，阔阔出遭笃哇偷袭兵败。第二年，成宗令皇侄海山出镇北边。1301 年秋，元军与海都、笃哇于金山附近的铁坚古山会战，元军先胜海都。后与海都、笃哇联军再战，互有胜负，但都受到了重创。海都在会战中负伤，不久死去。

　　海都死后，1303 年，笃哇"先众请和"。接着，他以元廷支持为后盾，向察八儿要求归还海都从察合台汗国夺去的草地，并胁迫他与元廷约和。同年秋，笃哇、察八儿约和使臣到达元廷。又过一年，笃哇、察八儿又联合伊利汗、钦察汗王廷与元朝约和。自此，元西北边境战火基本平息，从忽必烈与阿里不哥争位以来的蒙古内部纷争告一段落。

二、武宗海山

成宗和忽必烈一样，他所册立的太子也先他而去。1305 年 6 月，成宗在病中册立德寿为皇太子。只半年，德寿竟先成宗死去。跟着，仅一年多，成宗也去世了。成宗去世前，并没有来得及再立皇太子。这就使忽必烈处心积虑初步解决的汗位问题重新显露了出来，一场觊觎汗位的激烈角逐不可避免。

成宗后期，卜鲁罕干政，与许多回族大臣深相结纳，打算临朝称制。他与手握重兵，欲以世祖嫡孙的身份争夺皇位的阿难答联手，为共同对付出镇漠北的海山和他弟弟爱育黎拔力八达而结为联盟。当时人称这一冲突为"回邪诪张，势挟中闱"。

争夺大汗位的另一方——海山兄弟，长年统兵漠北，战功卓著，又是真金嫡孙，因此颇得漠北诸王将领的拥护。而海山弟爱育黎拔力八达因喜好汉学，所以也得到了元朝大多士人的青睐。这样一来海山兄弟在这场争夺中就明显处于优势。

按蒙古旧俗，大汗死后，应由皇后摄政，主持选立新汗的忽里台。但为防止得到多数拥护的海山得势，卜鲁罕企图控制朝议以达到他的个人野心。而这种野心被右丞相哈剌哈孙在相当大的程度上遏制住了。成宗死后，哈剌哈孙立即秘密遣人通知漠北的海山。然后哈剌哈孙收回了京城百司的所有符印，封在府库内，自己称病在家。卜鲁罕的内旨一天

下达数次，但都被他装聋作哑搪塞过去，不下发任何公文。这样一来，就使卜鲁罕筹划临朝称制的计划，与皇后集团想以左丞相阿忽台取而代之，控制中书省的计划破产了。

海山接到成宗去世的消息后，本准备立即回朝。这时他获悉答己与爱育黎拔力八达已经回到大都，于是依仗手中握有重兵，对帝位志在必得，便决定先在和林观望动向。

爱育黎拔力八达到达大都后，得到了朝廷官僚中枢的支持和配合。他先派李孟装扮成医生与称病的哈剌哈孙取得了联系。不久，哈剌哈孙诈称海山遣使至京，要阿难答、卜鲁罕、阿忽台等入朝议事，最后将他们一网打尽，全部拘捕。

1307 年 5 月，海山会答己、爱育黎拔力八达于上都，在忽里台大会上就任新汗，是为武宗。

武宗继位后，朝廷中枢用人，差不多都在西北从征的蒙古、色目将领中挑选。拥立他登基的哈剌哈孙也被调往和林任职，将乞台普济升为中书右丞相，被封为"安吉王"。武宗感悟到，成宗后期以来，元代社会政治和经济问题正逐步恶化，所以他开始调整成宗时期的国策。对于武宗的施政，可以用"惟和惟新"四字概括。

武宗执政的各项措施的出发点是好的，但他的才能似乎有些不足。他的"惟和惟新"的政策，其实是想用大量赏赐笼络群臣，发行新钞，实行重利经济，以满足政治上的需要。这种政策一施行就出现了问题。武宗主政不久，就开始对诸王大加赏赐，结果赏赐的朝臣还不到一半，

元·王蒙·太白山图

两京府储就已用光了。以后，请赏者仍络绎不绝，财赋不支，武宗只好用滥封爵位的办法作为补偿。忽必烈时非嫡系子孙从不封一字王。武宗时，晋封一字王位的人多达十五六人，甚至驸马也给封了一字王。这一时期朝廷中官吏的数量增多，官职提高，朝纲混乱，名位不清。有记载说，"天子即位，加恩近臣，佩相印者以百数"。这一时期，什么道士、僧人、唱戏的名角，只要武宗高兴，都被授予左丞、平章、参政一类的官职。一时间国公、司徒、丞相满朝都是。当时人评价说："自有国以来，名器之轻，无甚今日。"选法的混乱必然会促成吏治的紊乱。朝廷制诏变更无常，地方官吏往往擅自离职，去经营自己的买卖。朝

元·至元通行宝钞

中正在讨论未决的事情，也经常泄漏到民间，甚至到了诏书的稿子还没写完，"奸民已复群然诵之"的地步。武宗通过各种途径开辟财源，增加国入。这一点与传统儒家中的注重节流的观点正好相悖。儒臣们一直通过各种方式批评和阻挠武宗错误的理财措施，但都毫无效果。1309年8月，因元钞贬值发展到难以收拾的地步，武宗下诏立尚书省整顿财务，铸尚书省印，进行财政改革。可由于尚书省乱发"大银钞"，反而造成了

更严重的通货膨胀。后来改发"至大通宝",重新进行货币改革,才稳定住局势。

1311年1月,武宗因沉溺酒色,在位还不到4年就死去了,时年31岁。武宗的弟弟,爱育黎拔力八达以武宗册立的储君身份入朝主政,罢尚书省。武宗的"惟新"政治在推行不到一年半后及时地废止了。

但武宗所遗留下的诸多问题,却给元朝日后的发展带来了极为不利的影响。

三、元朝唯一的贤明皇帝——仁宗

　　1311 年，武宗的弟弟爱育黎拔力八达以皇太子身份主政，立即废除了尚书省，捕杀了脱虎脱等人，在同年 1 月 18 日即位，是为仁宗。

　　仁宗在位的时候国内局势相对稳定。他虽然对蒙汉之间的隔阂仍未消除，但他却注意任用汉人中的南人，他在位期间，中书省先后担当过中书平章政事和其他要职的汉人就有 15 位之多。他实行废弃多年的科举制度，命人用蒙文翻译了《孝经》、《烈女传》、《大学衍义》和《贞观政要》等书。可以说，仁宗是继忽必烈后，元朝十位皇帝中唯一的一位贤主。

　　仁宗统治前期推行汉法。首先，他力图抑制诸王贵戚们的权利，以加强皇权。其次，仁宗想用儒术澄清吏治，强化政治的运作程序。

　　1313 年 4 月，仁宗废除了诸王封地。为防止镇北亲王们拥兵夺权，仁宗命驸马丑汉出总北军，加封为安远王，并加强了居庸关的军事守备。为澄清吏治，仁宗严禁近侍干政，整顿选法，重用儒士。1314 年，元朝举行了实行科举制度后的第一次乡试。考试仍以对程朱理学、儒学等经典阐释为判卷标准，用来推动理学的传播普及。这一次科举考试的意义很大，自从 13 世纪 30 年代元朝灭金，科举取士制度在中原汉地停废了近一个世纪，仁宗复科，对当时的整个社会都产生震动性的效果，给汉族儒士带来了很大的希望。尤其是处于压抑状态中的士人，更把它看作是"文运将兴"的标志。不过元朝科举取士的规模相当有限，对于真正改变当时的政治构成并没有太大的作用。

李孟是仁宗统治时期的名臣。他是山西人，曾做过武宗和仁宗的老师，并且还扩充了"国子学"的教学内容，教出了不少蒙古子弟与汉人、南人子弟。成宗时李孟做过礼部侍郎，后来跟随仁宗住在今河南沁阳。成宗去世后，他随仁宗入京，在武宗海山的夺权过程中起到了一定作用。武宗时李孟因对时政不满，就在河南许昌隐居了数年。直到 1310 年才被召回，武宗死后，李孟被仁宗

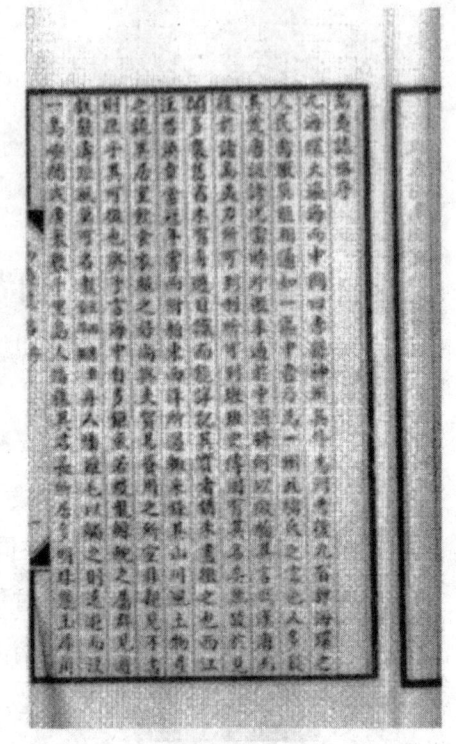

《岛夷志略》书影

重用，先后任中书平章政事和议事平章及翰林学士承旨。

李孟可说是一位一心为民、一心为政的好官。他最主要的功绩是废除了元朝一直实行的"病民之政"和劝说仁宗恢复了科举制度。1311年，在元朝的第一次科举考试中，他被仁宗任命为主考官。录取了护都沓儿为蒙古色目榜的状元，张起岩为汉人南人榜的状元。

仁宗的统治可说是对武宗时期的一个纠正。但可惜因为仁宗性格稳重，缺少主见，始终摆脱不了权臣的迷惑，使他的统治后期出现了奸臣铁木迭儿。

仁宗不好色，信佛，也不喜欢发动战争，对各种宗教能采取宽容政策，并且生活节俭，不兴盖宫殿庙宇。只是，他和窝阔台一样，是一个喜好酒的男人，最后也死在了酒上，只活了 36 个春秋。

四、奸臣铁木迭儿

　　元朝复杂的宫廷斗争，给一些奸佞小人提供了表演的舞台。奸臣铁木迭儿就是在这种环境中应运而生的弄潮儿。铁木迭儿是成吉思汗时的功臣者该的玄孙，经历了世祖、成宗、武宗、仁宗和英宗五朝。在世祖和成宗时期，他还算老实，可到了武宗时期他的种种劣迹就显现了出来。

　　武宗时铁木迭儿做过同知宣尉院事兼通政院使、中书平章政事、江西与云南的行省平章政事等一品大员，到了仁宗时出任中书右丞，更被授予太子太师这样的重要职务。铁木迭儿之所以能够在这一时期展现锋芒，是因为他是武宗和仁宗的母亲元圣太后答己的亲信。早在武宗统治时期，铁木迭儿在云南做地方官，曾因玩忽职守受到处分，但却被太后答己保了下来。武宗死后，太后答己为扩张自己的势力，趁仁宗尚未执政时，就下旨召铁木迭儿做了中书省右丞。仁宗要比武宗的性格怯懦，他孝敬母亲，事情也就总是牵就过去。

　　但铁木迭儿罪恶昭彰，仁宗曾多次想处置他，都因母亲的出面，最后作罢，只是提拔御史中丞萧拜住为中书右丞，用来牵制铁木迭儿的势力。可铁木迭儿居相位仅两年，自己就因罪被罢了官。当时有个叫张弼的富人犯了杀人罪，被关入牢中。他就叫亲友派人向铁木迭儿送了 5 万贯钱。铁木迭儿收了钱，一句话，就把人给放了。事情被揭发出来后，

 3 小时读懂元朝

中书平章萧拜住、中丞杨朵儿只、中都留守贺胜等40余名官员联合御史，联名弹劾铁木迭儿，揭发铁木迭儿欺下瞒上，乱政害民，罪证确实，因此要求处死铁木迭儿，以平民愤。仁宗看到众臣的奏折，怒不可遏，立即下诏逮捕铁木迭儿。可铁木迭儿一见势头不妙，赶快逃到太后的宫中躲了起来。这一招还真就把仁宗给制住了。仁宗投鼠忌器，始终拿他毫无办法，最后只是把铁木迭儿罢相了事。等事情风平浪静以后，不久铁木迭儿不仅奇怪地官复原职，还被授予了太子太师的职位。

太子太师是什么职位？太子自然是未来大汗位的继承人，太师就是太子的老师。像这种品行不端的人做太子老师，那不是在开天大的玩笑吗！朝廷内外，一片哗然。大臣都十分气愤，参政兼任御史中丞赵世延率领御史弹劾铁木迭儿违法的事情有几十条之多，都认为他不能辅佐太子。可太后多方庇护，仁宗又是个绝对的孝子，这个元朝中期的头号奸臣就在这风口浪尖上扬帆破浪，行动自由。真叫人无可奈何啊！

打这以后，铁木迭儿的胆子就更大了，受贿卖官，强占民田，无所不为，而且正应了那句"一人得道，鸡犬升天"的话，他的儿子也都先后入朝为官，弄得朝中人心惶惶，谁都忌惮他们父子三分。

要是铁木迭儿仅仅做了上边说的那些事的话，也就不会对后来的历史有那么大的影响了。铁木迭儿能够遗臭万年，是因为他影响了元朝的大汗继承问题。

当年武宗海山即位时和弟弟爱育黎拔力八达，也就是仁宗，曾有过约定，等武宗百年后，传位给弟弟爱育黎拔力八达，而爱育黎拔力八达在逝世后要传位给武宗的儿子，然后再由武宗子传给爱育黎拔力八达的一个儿子。可在仁宗即位后，这一约定却在武宗与仁宗的母亲兴圣太后和铁木迭儿的左右掣肘下被背弃了。首先，仁宗在铁木迭儿的怂恿下于1315年11月将海山之子封为周王，1316年3月又命海山之子去守云南，这实际上就等于流放。海山之子在去云南的途中，于陕西造反，结果失

败，只好改道西北，逃到了察合台汗国。背弃约定后，1316 年 12 月，仁宗立了自己的亲生儿子硕德八剌为太子。兴圣太后和铁木迭儿看着太子被册立，以为这样就可以长远地控制朝政，然而却不知道已经为日后的"南坡事件"种下了祸根。

1320 年 1 月，仁宗也和窝阔台、海山等大汗一样，因饮酒过量而去世了。4 月 19 日，仁宗的儿子 18 岁的硕德八剌即位，是为英宗。

仁宗刚刚去世，英宗尚未即位，大权在手的铁木迭儿，便开始大肆迫害曾经上书弹劾过他的诸位大臣们了。他假传太后旨意，将萧拜住、杨朵儿只逮捕，罪名是"曾经违背太后旨意"。杨朵儿只冷笑着说："当初以我们的职权，要杀你一点儿不难。如果我们真的不从太后的旨意，你还能活到今天吗？"铁木迭儿一看这罪名成立不了，就找来两名朝臣，想让他们证明

元·"杨茂造"剔红花卉盘

杨朵儿只有罪。杨朵儿只对这两人说："你们两位也是御史，不应干下流的勾当。"两人深感羞愧，也一言不发。尽管铁木迭儿抓不住杨朵儿只等人的任何把柄，但他还是借着太后的旨意，硬是将萧拜住和杨朵儿只当众斩首了。跟着铁木迭儿又杀了贺胜，罪名竟然是"便服迎诏大不敬"，真是"愈加之罪，何患无辞"啊！贺胜死时，百姓围在尸体边上痛哭，焚烧纸钱为他送行，可见贺胜深得民心。至于弹劾过他的赵世延，

铁木迭儿将他逮回大都，严刑拷打。英宗这时候已经初步稳定了自己的地位，他知道了这件事后，曾下旨两次赦免了赵世延，可铁木迭儿仍然将赵世延关进了死牢，想逼他自杀。赵世延在牢里足足被关了两年，最后在大臣的营救下，终于获释。铁木迭儿听说后，找到英宗说："这是朝臣欺骗皇上干的事。"英宗也不客气，直接说："这是我的旨意。"这才使赵世延逃过了大难。

五、南坡之变与两都之争

　　英宗是元代唯一在临朝执政前未经任何困难磨砺的皇帝。尽管他自幼接受儒家的说教，思想十分汉化，但他却缺少政治经验，也不像他的祖辈那样有一个声望足可信赖的侍臣班子。所以在面对太皇太后答己和铁木迭儿这样的实力派时就显得十分无力。英宗要实现自己的志向，前进的道路是十分艰难的。刚即位时，英宗可说是孤立无援，"孑然宫中"。经过太皇太后答己和铁木迭儿在他即位前的那场清洗，仁宗时期曾与答己和铁木迭儿相对抗的汉法派中坚分子，无一幸免。造成了英宗在他后来的统治中，所能依赖的人就只有一个与他同样不谙世故的年轻丞相拜住。

　　尽管处于十分不利的政治环境中，但年轻的英宗似乎没有意识到自己的经验不足。在他登基不久，就急切地希望做出些事情，以逞快一时。英宗在位不久，就将与铁木迭儿一党的左丞相合散免了职，改任木华黎的曾孙拜住为左相。铁木迭儿与合散等人在兴圣太后的支持下决定发动政变，废掉英宗。庆幸的是阴谋泄露，被英宗提前知道了。他先发制人，率先捕杀了合散等人，而铁木迭儿依旧因有太后庇护，逃过了这一劫，没有被治罪。但打这以后，铁木迭儿称病，躲在家中，再也不敢过问中书省政事了。1323 年，铁木迭儿和兴圣太后先后亡故。

　　铁木迭儿和兴圣太后一死，英宗将权力全部交给拜住，推行"新政"。他大量起用汉族知识分子，淘汰官僚，实行"助役法"，从地主那里收取助役费，用来补贴农民，完善货币制度，采取了一些政治改革。可是在这次拨乱反正的过程中，铁木迭儿的义子铁失因为与皇家联姻，幸免于被清洗，英宗这一仁义的举动终为自己引来了杀身之祸。

1323 年夏，英宗去上都避暑，因为沿途护卫的军队都由铁失控制，这就给了他机会。他决定刺杀英宗，拥立晋王也孙铁木儿，重掌朝政。他派斡罗思去劝说晋王。晋王不肯，反将斡罗思绑了，送往上都。可当把斡罗思押到上都时，英宗已经离开了。

同年 8 月 5 日，英宗在上都以南 30 里的南坡扎营过夜。当天夜里，铁失派阿速卫兵值夜，自己和锁南等 16 人，闯进拜住和英宗的大帐，杀死了英宗和拜住。然后铁失等人就按原计划，带着玺绶，于 1323 年 10 月，拥立晋王也孙铁木儿即位，即泰定帝。泰定帝即位一个多月后，就将正以功臣自居的铁失等人一齐捕杀了。

泰定帝在位时间不长，只有 5 年时间。他即位后，为预防身后汗位再次发生争夺，刚登基几个月，就将自己 5 岁的儿子阿速吉八立为了太子。他的统治保留了英宗改革的一些成果。因为他笃信佛教，朝中事情全交给亲信回族人倒剌沙处理。

倒剌沙被泰定帝任命为中书左丞后，开始培植亲信，排除异己，引起了蒙古贵族的不满。怀王图帖睦尔是武宗海山的次子，本住在今江苏南京。1328 年，怀王的卫士也先捏向倒剌沙报告说："怀王有夺帝位的野心，不可不防。"于是倒剌沙得到了泰定帝的命令，将怀王图帖睦尔迁到今属湖北。就在这一年的八月，时年 36 岁的泰定帝病逝了。

虽然泰定帝对他身后的汗位问题做了预防，可他用人不当，却酿成了更大的祸端。

泰定帝死后，倒剌沙却迟迟不让阿速吉八即位，这引起了文武百官的不满。留守在京师大都的燕铁木儿就乘机发难。然而，这位发难的燕铁木儿的心意却不在阿速吉八身上。燕铁木儿是武宗的旧臣，曾担任过

武宗的警卫，后被提拔为禁军的首领。泰定帝时燕铁木儿已成为元朝最高军事机构枢密院的检枢密院事，可说是手握重兵的权臣。这个时候，燕铁木儿的意图是想将武宗海山的次子怀王图帖睦尔拥立为汗。燕铁木儿与西安王阿剌忒纳失里密谋后，决定迎接怀王图帖睦尔入朝。他们先趁新君未立这一时机发动政变，将大都的异己逮捕诛杀，控制了朝廷。随后命令士兵把守宫门，不让消息走漏，然后立即派人去湖北迎接怀王来京，同时让武宗的另一个旧臣、河南行省平章政事伯颜在途中接应。燕铁木儿并在暗中通知了正在上都的弟弟撒敦，儿子唐其势，要他们立刻赶回大都。

尽管做了这些保密工作，上都的倒剌沙还是很快就得知燕铁木儿等人发动了政变。他很快作出了反应，决定先发制人，首先将燕铁木儿在上都的心腹全部捕杀，接着赶紧将只有9岁的皇太子阿速吉八扶上了汗位。随后派大将失着率军队进攻大都，可是这支军队还没到达古北口，就被燕铁木儿的军队击败了。

元·朱碧山银槎

就在这一厮杀过程中，怀王图帖睦尔已到达了大都，被燕铁木儿和西安王立为大汗，改年号为天历。但图帖睦尔在即位时和诸臣说明，他要将逃难到察合台汗国的哥哥接回，让位于他。这之后，倒剌沙在上都被击败，处死，而阿速吉八在战斗中不知去向。

1329 年，图帖睦尔把哥哥接回，拥立为汗，称明宗。可这位新主只在位一个月即暴卒于卧床之上。这不能不让人怀疑图帖睦尔。但这已成为历史之谜。总之权力又回到了图帖睦尔手中。图帖睦尔即位，称文宗。这一事件，史称"天历之变"。

3 小时读懂元朝

六、贤相脱脱的尴尬

　　文宗在位 5 年，1332 年病死。文宗在病危时，立下诏书，传位给哥哥明宗的儿子。明宗有两个儿了，长子妥懽帖睦尔，13 岁。明宗生前曾说过长子不是他生的。次子懿璘质班，当时只有 7 岁。文宗死后，懿璘质班即位，即宁宗。可是这位小大汗只做了 53 天龙椅，就病死了。随后在燕铁木儿的支持下，要立文宗的儿子燕帖古思为汗。可文宗皇后以秉承文宗的遗愿为由没有同意，主张让明宗"非己所生"的儿子，妥懽帖睦尔即位。在文宗皇后的全力支持下，燕铁木儿派人把妥懽帖睦尔从静江接到了京城。不久，燕铁木儿就病逝了。

　　燕铁木儿死后，1333 年 6 月，元顺帝妥懽帖睦尔即位，他就是元朝在位时间最长（36 年），也是最后一位统治中原地区的大汗，元顺帝。

　　顺帝统治的 36 年，是元朝的衰败时期。他即位时只有 13 岁，摆在他面前的是他的祖先们留给他的一个混乱局面：权臣擅权、吏治腐败、财政空虚、社会动荡。当然，对于一个 13 岁的少年来说，他这个时候也许还没有意识到这些。但很快顺帝就意识到了自己与燕铁木儿家族间存在分歧。燕铁木儿虽然死了，燕铁木儿家族的势力仍十分强大。顺帝表面上对燕铁木儿家族顺从，在暗中为维护自己的权力，却扶植起另一位武宗旧臣伯颜（他是蔑儿乞人，和平定南宋的大将伯颜只是同名而已）；任命他为中书右丞相，加封太师、秦王。这样伯颜就成为了能和燕铁木儿家族抗衡的势力。1335 年，燕铁木儿家族人密谋政变。伯颜事先得到密告，首先采取了行动，擒获并处死了密谋者，抄没了燕铁木儿家族的家产，彻底摧垮了燕铁木儿家族。就这样，伯颜的家族势力迅速膨胀，取代了燕铁木儿家族。

伯颜在面对元朝统治出现的严重动荡不安时，采取了极端的稳定方法。他推行"变乱祖宗成宪"的政策，排斥汉人、南人，加强民族压迫政策，下令停止了科举考试。对蒙古统治集团内部的异己者，他也同样排斥、打击。伯颜出身的蔑儿乞部在被成吉思汗击败后，部众大多被俘为奴。所以伯颜小时候曾为剡王彻彻秃家做奴隶。剡王彻彻秃是宪宗蒙哥的第三子玉龙答失的孙子，军功赫赫，地位显耀。伯颜当权时，每次见到剡王时仍要称呼他为"使长"。这让伯颜的心里极不舒服。他曾说："我现在是太师，位极人臣，怎么能容忍自己的上边还有一个使长呢！"于是伯颜就向当时不过十来岁的顺帝诬陷剡王图谋不轨，要杀剡王。顺帝不允许，伯颜竟然强行传旨杀死了剡王和王子。在伯颜执政的 7 年时间，对元朝末年危害最大的是他滥发纸币，大肆敛财的举动。伯颜将大量钱财攫为己有，仅得赐田一项就达 1 万多顷。当时人说："天下贡赋，大多都进了伯颜家。"

顺帝 20 岁时也意识到了伯颜对天下的危害。这个时候他重用了元代最后一位名臣脱脱。

脱脱是伯颜的侄子，自幼生长于伯颜家里，骄横一时的伯颜做梦也没想到过自己会被脱脱赶下台。

脱脱对汉学有一定的认识，童年曾向浙江名儒吴直方学习。1338 年，脱脱当上了御史大夫。这个时候，伯颜与顺帝的矛盾日益尖锐。脱脱就被伯颜派入内廷，监视顺帝。可没料到，在这场斗争中，脱脱站在了顺帝一边，这和他受到儒家中的忠君思想的影响有很大关系。脱脱入宫时，顺帝在伯颜威势面前敢怒不敢言，随时有被伯颜废掉的危险。脱脱就与他的老师吴直方商议，作出了他"大义灭亲"的计划。

3 小时读懂元朝

1340 年初，伯颜邀顺帝外出打猎。顺帝知伯颜图谋不轨，可又没有办法，正进退两难时，脱脱劝顺帝让皇太子代行。顺帝同意了脱脱的建议。有了皇太子在手中，伯颜就想趁机挟持皇太子，号召天下兵马，发动政变，废掉已经不再受控制的顺帝，拥皇太子即位。可伯颜万没料到，自己刚走出京城，脱脱就抢先发难了。脱脱先把大都内伯颜的亲信全部逮捕，马上连夜派人把皇太子接回了都城，用顺帝的名义下诏，宣布了伯颜的种种罪状，将这位叔叔贬到了河南。伯颜接到诏书后知道自己大势已去，赶回都城，被脱脱在城楼上奚落一番后，只好南下。伯颜没走多远，又接到了朝廷的诏书，将他贬到了更远的广东省。在郁愤交加中，伯颜刚走到江西，就被毒死了。

元·舞蹈雕砖俑

伯颜死后，脱脱取代了伯颜在朝中的位置。1341 年，顺帝开始起用脱脱当政，改元至正，希望能使元朝中兴。脱脱在这国家存亡的关键时刻，开始施行他的改革措施。历史上把这次改革称为"脱脱更化"，可见还是取得了一些成就的。脱脱的改革内容主要是：首先，为取得儒士的支持，恢复了被伯颜废除的科举制，置宣文阁，恢复太庙的祭祀。跟着脱脱开始平反昭雪一批冤案，这就使得满朝惊恐不安的人心得到了稳定，进而得到了众多朝臣的支持。对待百姓，脱脱下令免除百姓拖欠的各种税收，放宽了对汉人、南人的政策。这样就在一定条件下缓解了阶级矛盾。

　　脱脱的"更化"不只表现在政治上，也体现在文化上。正是在这一时期，元人完成了对前代历史的编修工作。在脱脱的主持下，编成了宋、辽、金三史。自元朝建立以后，宋、辽、金代历史的编修就一直因以谁为正统这一点而争持不下。脱脱用汉族史学家欧阳玄，畏兀儿族人廉惠山海牙、沙剌班，唐兀人余阙，蒙古人泰不花等人一起修史，并决定宋、辽、金三朝全为正统，结束了这长达几十年的争论，且开创了各族史家合作修史的先例。

　　正是"久乱思治"，脱脱在四年多时间里，由于改革得当，使元朝末年的昏暗政治一度转为清明，取得了可人的成就。而就在元朝渐显中兴局面的时候，1344 年，脱脱因病辞职了。这以后的 5 年，顺帝亲政，也同样取得了一定的成效。可是元朝积弊过深，加上灾荒频繁，导致国库吃紧。1349 年，脱脱被再次起用时，他错误地更改钞法，印行至正交钞，使货币大量贬值，最终让自己陷入了尴尬局面。后来，黄河泛滥，天下大乱，各地农民纷纷起义。1352 年，脱脱率元军百万攻击元末各地方农民起义势力。就在他的军事行动取得了一定成效时，多疑的元顺帝接受了脱脱朝中政敌对他的弹劾，将脱脱流放到了云南。1355 年脱脱被人毒害。

　　脱脱一死，元朝的灭亡也就成为了定局。

　　有时也可以半开玩笑地说，蒙古人的政权，是被蒙古人所喜爱的酒灭亡的。

　　大汗窝阔台喜欢喝酒。他是蒙古的第二位君主，肩负着进一步开疆拓土与完善帝国制度的任务。可这些他都只完成了一部分，就在吃着野味，抱着酒坛子的时候死去了。他的猝死不仅挽救了欧洲，也带来了蒙古帝国诸多的继承问题。终于到忽必烈与阿里不哥相互争夺汗位的时候，造成了蒙古帝国的分裂。

3 小时读懂元朝

到了元代中期，成宗的死似乎和酒没有关系，因为历史上并没有像记载窝阔台那样明确说：成宗是喝酒喝死的，尽管他只活了40多岁。历史上既然没有记载，我们也不用去推测成宗的死因。但对他以后的两位继承者，武宗和仁宗，史书上说的很明确：武宗是既好色也好酒，而他的弟弟只喜欢酒。结果两人只活了30多岁(哥哥31，弟弟36)。武宗的死也许还不能完全怪到酒精身上，但仁宗的英年早逝，就应该和酒大伤身有关系了。

元代的中期，本应该是对国家各项制度进行进一步完善发展的时期，是一个应该思索如何统治这个庞大帝国的时期。可惜这些大汗们都死得太早了，以至于给权臣提供了可乘之机，让元朝的统治从内部先开始了崩溃。元朝中期，大汗们的早逝现象也就自然成为了元朝过早灭亡的众多原因之一。

看来，喝酒真的要适度啊！

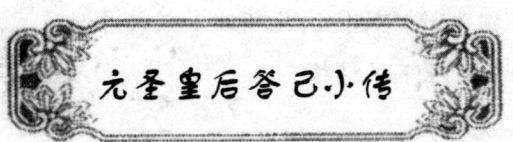

元圣皇后答己，和察比皇后一样也是弘吉剌氏人。答己是真金太子的次子答剌马八剌的妃子，武宗海山与仁宗爱育黎拔力八达的生母。

1305年，成宗病危，卜鲁罕皇后秉政。因为成宗子英年早逝，成宗就立答己长子海山为太子。卜鲁罕皇后想要专权，为防止答己母子继承汗位，就将他们从大都迁到了怀州居住。1307年正月，成宗逝世。答己长子海山这时正总兵北边，右丞相哈剌哈孙暗中将成宗逝世的消息通知

给了答己母子，使答己与次子爱育黎拔力八达连夜赶回了大都。

答己母子回到大都后很快取得了朝臣的支持，他们一同迎武宗海山还朝，即位，稳定了局势。开始，答己入朝后，曾想拥立次子爱育黎拔力八达。为了寻找废黜武宗的借口，她找来阴阳家推算，阴阳家推算的结果是："重光大荒落有灾，旃蒙作噩长久。"重光是武宗生年，旃蒙是仁宗生年。于是，太后答己就派近臣朵耳对武宗说："你兄弟二人，都是我所生，哪里有亲疏的分别。但阴阳家说你在位时间太短，这不能不让人思考啊！"武宗听后回答说："我捍卫北边 10 年，又是长子，太后用阴阳家的话来劝我让位，太让人难以相信了。我现在正合于天心民望，就是只在位一天，也足以垂名万世。怎么能凭阴阳家的话，就废黜成宗立我为大汗的托付呢！"随后武宗率领漠北 3 万大军开往大都。太后答己只好说："你在位短暂是阴阳家的推算，我为你的长远考虑，爱惜你的生命才这么说。你既然什么也不在乎，那就快点来即位吧。"说也奇怪，后来武宗真就只在位 3 年时间，31 岁就死了。武宗死后他的弟弟爱育黎拔力八达即位，就是仁宗。

答己后十分聪慧，她一生共辅佐过武宗、仁宗和英宗三朝大汗。对内宫的管理也非常有方法。可惜答己后以太后、皇太后、太皇太后等身份干预朝政，宫内宠信黑驴母亦烈失八，朝中亲信失烈门、纽邻及铁木迭儿，相互间狼狈为奸，致使浊乱朝政，最终导致了元朝中后期的混乱局面，为元朝的灭亡埋下了祸根。

修河道石人惊九州，剿义军军阀乱朝纲。

第七章
帝国的丧钟

一、内乱不断的元廷

　　忽必烈奠定了元朝这个前所未有的多民族王朝的制度框架，但也为后代遗留下了诸多问题。

　　例如，汗位的继承问题，多民族和谐相处的统治问题，货币制度与税收制度的完善等。而在忽必烈以后，从成宗到顺帝继位这 39 年里，汗位的转移往往伴随着阴谋、弑夺，甚至发展为大规模的内战。元朝政局动荡，帝位更迭 9 次，在位最长者 11 年，最短不过 53 天，使得元朝中后期，缺乏一位真正的守成之君来解决忽必烈遗留的众多问题，将元朝引入长治久安的道路。

　　忽必烈逝后的 39 年里，蒙古的制度与中原儒学思想不断发生冲突。蒙古人将天下视为成吉思汗子孙的共同财产，新帝即位常常都要花费巨额的钱财赏赐宗亲贵族，造成了元朝财政的重大负担。武宗海山即位后，就因大肆赏赐宗亲贵族，出现了赏赐"未及一半"而两都（大都与上都）府库尽空的局面。这就出现了政府大量印钞，弥补亏空的事情。乱发纸币的结果，又导致了财政系统紊乱，成为元朝后期农民起义的一个原因。在这种情况下，伯颜加深了民族分化政策的力度，更使得蒙古、色目人与汉族人民之间始终存在的巨大的鸿沟愈加明显。元朝的最高统治阶层，与他们所依赖的统治基础经常发生冲突。在中原地区，占优势的儒家思想与回族以及游牧文化间的冲突，形成了贯穿元末始终的矛盾。

顺帝 13 岁即位，在 20 岁前，他受权臣的控制，不能亲政。二十多岁时，顺帝在脱脱的帮助下铲除了权臣伯颜。掌握朝政的最初 9 年，他励精图治，应该还算是一个不错的君主。而后期，顺帝却生活腐化堕落，在天灾人祸不断、九州大乱的情况下他不理朝政，只知淫乐，最终加速了元朝的灭亡，成为了一个不折不扣的昏君。元朝宫廷也终于没能摆脱忽必烈以后内乱不断的局面。

二、元朝末年的天灾人祸

　　顺帝即位 7 年后，于 1340 年追查其父明宗被文宗谋害的事，将文宗庙主撤出了太庙，安置文宗后于东安州，将文宗子（即先前的太子）流放到了高丽，到这个时候，"帝位之争"才算告一段落。在同一年，顺帝在脱脱的帮助下击败了权臣伯颜，将统治权力真正掌握到了手中。而在这一时期，元朝积弊已深，顺帝要想力挽狂澜，每一步都要小心，都不能出错。

　　从 1344 年顺帝亲政，至 1349 年间重新起用脱脱，这时期顺帝面对连年的天灾和愈演愈烈的社会动乱采取了一系列的措施。但是成效并不明显，问题反而越来越多。1344 年 5 月，黄河暴涨，先是白茅堤溃决，6 个月后，金堤又被冲垮。黄河中下游，即今天的河南省东北部，安徽、江苏两省的北部，山东省南部和河北的部分地区，都被洪水淹没，成为万里泽国。黄河泛滥不仅严重妨碍了漕运，更威胁到了盐场的安全，直接扣住了元朝的财政命脉，使本来就处于紧张状态下的元政府财政更加入不敷出。而水灾过后，就是严重的饥荒与瘟疫，这对元政府来说就更是雪上加霜。不过 20 多岁的元顺帝必须积极主动地解决一切问题。于是，他在 1349 年 7 月，召回了称病在家的脱脱，重新任命他为右丞相。

　　脱脱的这次改革并不能说是成功的。为了缓解元朝政府的财政问题，他在 1350 年底，印行了没有准备金的"至正交钞"，铸造新铜钱进行流

通。因为没有准备金，新的货币如同废纸一样。形成了以滥发新钞搜刮民间至元宝钞的态势，造成了更大的经济危机。导致老百姓避虚就实，先是舍钞用钱，最后连钱都不用，回到了以物易物的原始状态。给百姓带来更多苦难的是脱脱对黄河的治理。1351 年 5 月，脱脱动用民工 15 万，监工的军队 2 万，开始了他庞大的修河工程。脱脱将黄河水由哈只口引入黄河故道，再东引到徐州，入淮河最后流进大海。尽管脱脱治理住了洪水，但却在这次治理黄河的过程中引发了比洪水更可怕的、大规模的农民起义。造成起义的原因很多：首先，民众是被强征为河工的，而不是出于自愿。而工程中元朝政府发放的工资货币——"至正交钞"更是毫无用处的废纸，即使这样还多被监工贪污克扣。在修河道的过程中，众多民工因饥饿和繁重的体力劳动致死，民怨沸腾。在这关键时刻，他们的怨恨与愤

元·中统元宝交钞(至正版)

怒被白莲教利用、点燃，最终成为了一场无法遏制的大起义。

脱脱对起义始料未及，他被迫率领百万元军，南征北讨，经过几年的应对，到 1354 年，才基本控制住了局势。1354 年冬，脱脱率军围攻高邮张士诚。高邮战役是元朝走向灭亡的真正开始。1354 年 11 月，脱脱率元军抵高邮，大败张士诚。张士诚寡不敌众，只好退入高邮城中进行坚守。于是，脱脱命元军分兵，破六合、盐城、兴化等地，使高邮成

为孤城。当时，张士诚守在城中，和将领们每天所谈论的都是投降的事，可又怕投降后不能被脱脱赦免，最后只能硬着头皮坚持。12 月，脱脱突然被元顺帝削去了兵权。失去主帅，百万元军不战自溃，高邮形势发生了戏剧性的变化。张士诚不仅因此得救，还收编了大量元军，将地盘不断扩大，成为了一方霸主。

高邮兵败完全是元廷自己制造的动乱，是元朝政治腐败、元顺帝丧失治国志向，生活走向堕落的必然结果。在脱脱复相之前，康里人哈麻、雪雪兄弟向顺帝多次为脱脱美言。因此，脱脱复相后为表示感激，升哈麻做了中书右丞。可不久，脱脱与哈麻就发生矛盾，哈麻被脱脱降为了宣政院使。这以后哈麻怀恨在心，他知道要报复脱脱就得让元顺帝听自己的话。哈麻偷偷地找来西天僧人，教元顺帝学习运气术。西天僧人教给元顺帝的运气术名为"演揲儿"，汉语称"大喜乐"。大喜乐既是一种宗教舞蹈，也是一种气功。哈麻利用这种气功的一些特点诱导元顺帝进行淫乐。从此以后元顺帝与推行至正新政时判若两人，全然不顾皇帝尊严，整天寻欢作乐。脱脱对哈麻的举动深恶痛绝，打算除去哈麻。哈麻知道后，就在皇后、皇太子面前挑唆。脱脱出征高邮时，哈麻趁机让监察御史弹劾脱脱，结果就出现了上面的那场闹剧。脱脱被弹劾解职后，被调回了大都，随后又被流放到了云南，最后哈麻假传圣旨，在云南贬所中毒死了脱脱。

高邮兵败，使元朝丧失了镇压农民起义军的最有利时机。以后元政府再也没有能力集结大规模的军队对付起义军了。不久起义势力复振。到 1355 年以后，元朝陷入了起义者和镇压起义的军阀各自为政、割据一方的局面，中央政府对全国范围的统治实际已经瓦解。

三、白莲教与红巾军

　　说到发起元末农民起义的白莲教，这确实是一个历史悠久的宗教团体。白莲教得名于 5 世纪时中国的白莲社，源于佛教净土宗，在自身的发展传播过程中，又糅合了道教和摩尼教（即明教）的众多思想，形成了一种独特的民间宗教。

　　在元代，由于元朝对宗教采取宽容政策，所以最初对白莲教也较为尊重。这使得白莲教的组织遍布大江南北，支派甚多。因此，元朝政府对这个具有一定政治实体的宗教开始禁绝。武宗时曾以"烧香惑众"为由，将北方白莲教教主韩学究自赵州栾城谪徙到广平永年县。韩学究以后，他的孙子韩山童继为教主，宣传天下大乱，"弥勒佛下生"、"明王出世"，将反元定为明确目标。

　　元末，黄河泛滥成灾。韩山童、刘福通、杜遵道等人就利用民工挖掘河道时的不满情绪，准备发动起义。当时脱脱派工部尚书贾鲁负责疏通河道。贾鲁征发了 15 万民工日夜劳作，而朝廷派发的口粮又经常被监工们克扣，修河所用的物资也很少能发到民工手上。结果将一项本来利国利民的好事，变成了祸国殃民的坏事，弄得天怒人怨。韩山童和刘福通两人为了能使起义成功，进行了周密的计划。他们先散播流言说"明王即将出世"，然后造了一个独眼石人，在石人背上刻上了"莫道石人一只眼，此物一出天下反"的字样，再悄悄地将石人埋在了河道中。没多

元·也里可温教徽章

久，民工们疏通河道时，果然，挖出了此物，一时间人心惶惶，于是，韩山童等人决定在白鹿庄聚义。韩山童则自称是"宋徽宗八世孙"，而刘福通也冒充是宋朝大将刘光世的后裔。韩、刘两人的这种做法是在学当年"陈胜、吴广"大泽乡起义的方法，利用迷信思想和人民对前朝的怀念进行鼓动，以达到师出有名的目的。他们还打出了恢复宋朝统治的旗帜，计划在 1351 年 5 月初起事。

可是，起义的消息却走漏了出去，元朝派兵镇压，韩山童被捕身亡，刘福通、杜遵道冲出重围。刘福通等人冲出后，于当年阴历五月初三，在今安徽阜阳再次起兵，气势如洪水一般的元末农民大起义就在这一刻正式爆发了。因起义军头裹红巾，所以历史上称他们为"红巾军"，而又因他们的前身是一个宗教组织，在打仗前总要烧香拜佛，所以也称为"香军"。

从红巾军起义的这一刻起，元朝的丧钟也就此敲响了。

四、元顺帝的北逃

起义军的力量发展得十分迅速。刘福通起兵后，面对复杂的局势，他采用稳扎稳打的策略。刘福通先击败了察罕帖木儿和李思齐的袭剿。1355 年 2 月，刘福通把在安徽省砀山县避难的韩林儿接到了亳州，拥立为皇帝，正式建立政权。因为他们号召要恢复宋朝，所以国号为宋，年号龙凤，韩林儿被尊为"小明王"，即"明王出世"的意思。不久，刘福通就杀死了杜遵道，当上了宋政权的丞相，并加封为"太保"，成为了宋政权的实际领导者。

红巾军起义后，得到了广泛的响应。很快起义之火就燃遍了全国。有的团结在宋政权的周围，也有的割据一方，独自称王。在这些起义势力中具有影响的是：张士诚的天佑政权、徐寿辉的天完政权，受红巾军领导的郭子兴势力，其中，徐寿辉后来被陈友谅取代，而郭子兴手下朱元璋更开创了明王朝的基业。

宋政权一建立，元政府就调集军队对起义军加紧镇压。但由于自高邮战役后，元政府再无力组织大规模的军事力量，所以主要依靠驻守在各地的地方军事力量对付起义军，收效甚微。从 1355 年 6 月，元河南行省平章答失八都鲁统帅诸王藩将兵马开始对刘福通用兵后，尽管表面上互有胜负，但总的看来对元朝十分不利。一方面藩王势力越来越大，而另一方面起义军则越剿越多。

3 小时读懂元朝

1357 年夏天，刘福通在击败元军围剿，稳定住形势后，决定派出三路大军同时北伐，对大都形成包围，试图一举推翻元朝。从战争的部署和实际结果来看，刘福通的这次北伐举动过于轻率。这次北伐各军的协调十分不好。先出发的是由李武、崔德率领的西路军。后来这支军队又改由大刀敖、李喜喜等率领，在陕西，他们被察罕帖木儿打败。李武和崔德因一直没能取得战功，遭到刘福通的斥责。1361 年 5 月，他们竟然向元朝汉将李思齐投降了。

中路军的结局也不比西路强到哪儿去。他们由关先生、破头潘等人率领，越过太行山，进入山西。这支部队犯了孤军深入的错误，他们原计划是从山西配合东路军进攻大都，可由于元军的堵截，竟贸然北上。尽管他们先后攻克了上都、金宁、辽阳，进入今天的朝鲜境内，但一支缺少补给，没有后援，而且攻击的地点都不是元朝致命处的军队，最后战败就是必然的了。最后关先生等人在高丽战死，破头潘退到辽阳时也战败被俘，中路军全军覆没。

在三路北伐军中，唯一能够有效打击元朝统治的是由毛贵率领的东路军。毛贵首先夺得了元朝的海船，从海路奇袭山东，只几个月，就占领了山东大部分地区。但他后来也犯了孤军深入的错误，1358 年 2 月，毛贵继续北伐。先击败了元大将董抟霄兄弟，跟着又连克青、沧两州，3 月，攻克蓟州，直逼大都。但很快元军从四面八方赶来支援，毛贵军被击败，退回到了山东济南。

在三路大军北伐的同时，刘福通展开了对宋朝故都汴梁的攻击。1357 年 6 月刘福通首次对汴梁发起攻击，但这一年却没能攻下。1358 年，刘福通再次进攻汴梁，元守将竹贞弃城逃跑，刘福通终于攻下了汴梁，迎来韩林儿，将汴梁改为宋政权的都城，大有继承正统的意味。而事实证明，在没有强大的军事力量作后盾的情况下，刘福通的这一举动非常的不明智，他触动了元人非常警觉的神经。三路北伐军相继失败后，元军步步紧缩对汴梁的包围，刘福通也陷入了孤军奋战的境地。最后刘

居庸关云台四大天王浮雕(局部)

福通冲破元人重围,保护着韩林儿逃到了安丰。就在刘福通被迫逃入安丰的时候,1363 年 2 月,同是起义军的张士诚投降了元人(尽管这种投降只是名义上的,不受元人任何制约)。张士诚为扩大自己的势力,他趁安丰空虚,对刘福通发起了进攻。而刘福通在北伐中已经失去了自己的主要军事力量,在这危急时刻,只好向在名义上仍然是红巾军的朱元璋求援。这一举动的直接结果就是使朱元璋在红巾军中的地位迅速提升。

自脱脱被害后,起义军越闹越凶,在这"山河破碎风飘絮"的时刻,元军当年平定四方的气势哪里去了?元顺帝又在做些什么呢?答案是元朝统治集团内部在这关键时刻正忙着争权夺势,而元顺帝则早就失去了对江山社稷、祖宗基业的责任心,整天依红伴翠,"不爱江山爱美人",沉迷在淫乐当中。

从 1354 年到顺帝逃离元大都这十余年时间里,顺帝先后起用右、左丞相竟有十余人之多,一个个不是奸佞小人、无能之辈,就是军阀武夫,结果祸国殃民,反而加速了元朝的灭亡。

3 小时读懂元朝

元末的这场权力争夺从察罕帖木儿和答失八都鲁开始。答失八都鲁出身蒙古名门，他总领河南军马，但在与红巾军在冀、鲁地区的交战中屡战屡败，于是，元政府派察罕帖木儿率军从关陕入河南，帮助答失八都鲁镇压起义军。没想到察罕帖木儿进入冀、鲁地区后却侵占了答失八都鲁的势力，答失八都鲁也因此忧愤而死。答失八都鲁的儿子孛罗帖木儿接替了父亲的职位，开始了与察罕帖木儿间的势力争夺战。这下可好，本来已经内乱频繁了，元朝内部自己人还打了起来。这两股元朝末期的主要军事力量，如果不是有起义军攻入他们的势力范围，根本就不理睬长江以南起义军的扩张，双方打得不亦乐乎，多次由元廷出面，命各还本镇才稍有停歇。

1360 年，察罕帖木儿在山东被起义军田丰、张士诚刺杀，他的养子王保保（蒙古名字是扩廓帖木儿）承袭父职，双方的内讧愈演愈烈。1363 年 6 月，孛罗帖木儿乘王保保与山东起义军交战的时候，他派竹贞攻击王保保统辖的陕西。王保保立即派部将李思齐攻击竹贞，竹贞战败投降了王保保。由此可以看出双方这一时期的战斗规模确实不小。

最可悲的是，两个地方军阀之间的交战与宫廷内部的矛盾又结合到了一起。脱脱死后，哈麻当上了中书左丞，他的弟弟雪雪成为御史大夫。元朝的朝政全把持在了这两兄弟手中。人的野心真是无法预测，已经专权的哈麻还想得到更大的权力，他密谋拥立皇太子爱猷识理达腊，想要废掉顺帝。结果被秃鲁帖木儿告发，被顺帝贬去了广州，途中被乱杖打死，结束了他罪恶的一生。哈麻死后，搠思监主政。这搠思监是个大贪官，为了搜刮财物，他甚至下令印造伪钞。国家政府带头制造伪钞，政府腐败程度可见一斑。而顺帝这个时候更加沉迷在"大喜乐"的快感中，还很有"创造精神"地组织起身边的美人，编演了新的"大喜乐"舞蹈——天魔舞，对国家政事简直厌烦透顶。

顺帝的昏庸使皇太子也起了野心。皇太子与自己生母奇皇后（高丽人）谋划篡权。他们让宦官朴不花联系左丞相太平，太平不同意，被皇太

子和搠思监逼迫自杀。搠思监与朴不花两人狼狈为奸，使元朝政府达到了前所未有的昏暗局面。朝臣们对两人恨之入骨，纷纷上疏弹劾。这时御史大夫老的沙出场了。老的沙是顺帝的母舅，他看到了朝臣们的不满后，就想要利用这一点排挤政敌。老的沙这一举动无疑是在玩火，搠思监与朴不花是皇太子和奇皇后的亲信。因此，在皇太子和奇皇后的唆使下，顺帝将他封为雍王，逐回了高丽。老的沙却不想就这样一走了之，他走到大同后，跑到了孛罗帖木儿军中躲了起来。就这样，孛罗帖木儿和王保保两大军阀间的争夺进一步升级，成为了元朝末年统治上层的两集团间的权力之争。

老的沙留在孛罗帖木儿军中后，搠思监、朴不花与皇太子结成一伙，以王保保为外援，强令孛罗帖木儿交出老的沙。孛罗帖木儿拒绝。于是搠思监、朴不花就诬陷孛罗帖木儿与老的沙图谋不轨，由顺帝下诏，削去了孛罗帖木儿的官职，命令他交出兵权后回四川封地。孛罗帖木儿抗旨，于是，王保保就得到了朝廷出兵讨伐孛罗帖木儿的命令。就在这个时候，宗王不颜帖木儿也对搠思监、朴不花等人的专横感到了不满，他一面上书替孛罗帖木儿辩解，一面很快出兵与孛罗帖木儿会师。

元·居庸关云台

顺帝看到这种局势，便又降下圣旨，流放了搠思监与朴不花，恢复了孛罗帖木儿的官职。可是，尽管顺帝下了诏书，搠思监和朴不花仍然留在大都。拥兵自重的孛罗帖木儿就找到了进兵京师的借口。他率军进攻京师，在居庸关打败了大都的军队，皇太子也被迫逃出了大都。最后在孛罗帖木儿的要求下，顺帝交出了搠思监和朴不花。这两名奸臣被孛罗帖木儿处死。就这样孛罗帖木儿便上演了一幕元末历史上"清君侧"的闹剧。这之后，孛罗帖木儿被顺帝任命为太保、中书平章政事，兼知枢密院事等官职后，率着军队浩浩荡荡地开出了元大都。

1364 年 5 月，皇太子回宫，他立刻命王保保调动军队，进攻孛罗帖木儿。王保保命白锁驻守京师，命貊高、竹贞、关保分别率军攻击孛罗帖木儿，自己亲驻太原，调督诸军。7 月，孛罗帖木儿与秃坚、老的沙再一次以"清君侧"为名进攻京师，皇太子也再一次逃到了太原。孛罗帖木儿这次入京后处死了顺帝身边的一些佞臣，可见他确实没有造反的意思。可是很快，在 1365 年 3 月，皇太子与王保保集结了岭北、甘肃、辽阳、陕西各地军队，共同讨伐孛罗帖木儿。这次孛罗帖木儿战败，自此意志消沉，整天与老的沙饮宴，荒淫无度，而且喜怒无常，经常酗酒杀人。

聞禪師飛錫至
止遂以妙嚴易
東際之名深有
旨哉其徒古山

妙严寺记

李罗帖木儿的这些举动也使得顺帝十分不满，他密令威顺王宽彻普化子和尚刺杀李罗帖木儿。和尚雇杀手在这一年的 7 月 29 日将李罗帖木儿刺杀。老的沙带着李罗帖木儿的家眷逃到了秃坚的军中，随后与秃坚一起投奔了赵王，鼓动赵王起兵。赵王将老的沙和秃坚两人抓了起来，送到了朝廷，这样李罗帖木儿的势力就被彻底清除了。

李罗帖木儿的势力被清除后，并不是说元朝各军阀间的混战就此停止了。很快皇太子、王保保与北方汉人军阀李思齐之间的矛盾又成为了新的军阀混战的导火索，而这一次混战一直持续到朱元璋攻进大都后，仍然在继续。

就在元朝各大军阀势力在进行着毫无价值的消耗战的同时，朱元璋逐渐消灭吞并了南方各起义势力。1367 年 10 月，朱元璋消灭了张士诚后，他命徐达北伐。1368 年，明军会集在德州，分水陆两路沿运河北上，占长芦，克青州，到达直沽，进逼大都。7 月 26 日夜，元顺帝放弃了防御坚固的元大都，仓皇北逃。同年阴历八月初二，徐达率明军兵不血刃进入大都。元朝在整个中国的统治就此结束。

元顺帝逃出大都后，在 1370 年 4 月病死在了应昌，皇太子爱猷识理达腊继位，是为昭宗。逃到漠北的蒙古人虽然仍沿用"大元"的国号，但元朝在中国的统治已经结束，所以历史上称这个流亡政权为"北元"。北元在爱猷识理达腊以后，一直到被明朝大将蓝玉灭亡为止，又存在了相当一段时间。

五、北元的灭亡

在 1368 年 7 月末，当朱元璋的大将徐达率军刚刚抵至通州时，元顺帝就怯懦地放弃了元大都，仓皇北逃到了上都开平。自此元朝在中国的统治结束。但元人并没有就这么简单地退出历史舞台，逃至蒙古草原的北元流亡政府又继续维持了一段时间。

元廷最初北迁的时候，元人仍保存着完整的统治机构和相当的军事力量。当时的蒙古政权所控制的疆域，东起贝加尔湖、兴安岭山麓，西到天山，北至额尔齐斯河及叶尼塞河上游，南抵长城的大片领土，并且与各藩国仍保持着联系，其中，有东面的高丽、西面的蒙兀儿斯坦、中亚的帖木儿帝国等。就中原地区而言，在山西和甘肃，有中书左丞相王保保所统率的 10 万大军，陕西则是元汉将李思齐的势力范围，辽东方面更盘踞着纳哈出的 20 万雄师，另外，辽阳、云南、今河北卢龙县、甘肃、宁夏、新疆地区以及青海都依旧被元人所控制着。可见，如果不是元人内讧的话，朱元璋想要北伐，势必困难重重，难以如愿。

元廷北迁不久，就力图恢复在全国的统治。首先，元顺帝命王保保率兵出雁门关，由保安州经居庸关进攻大都。明将徐达采用了机变的战术，他趁王保保出兵大都之机，突袭元军后方重镇太原。王保保至保安州得到情报后，被迫收兵。双方在太原地区陷入僵局。王保保缺少粮草，

知道轻易与明军交战绝对讨不到什么便宜，于是在太原城西安营扎寨，准备等待时机，与明军一决。不想王保保的部下暗投明军作了内应，明军夜袭王保保军营，王保保大败，仅率十八骑突围出去逃到了大同。

1369 年 5 月，顺帝又命令丞相也速率万余骑兵出山西营于白河。通州明军守备力量薄弱，但由于明将曹良臣采取了虚张声势的战术，也速不明真情撤军，从而解除了元大军压境的威胁。同年 8 月，顺帝迁都达里泊(达赉湖)，命令脱列伯、孔兴以重兵攻大同，以为进攻大都铺平道路。明将李文忠率军出雁门关，在今山西马邑上方遭遇，进行了一场恶战。不久明援军到达大同，大败元军，俘虏了元将脱列伯。包围大同的元将孔兴得到这一情报后，立即撤兵逃往绥德，遭到明军追击，大败而归。这一年，明军再次大举北伐，元顺帝迫于明大军威势，又放弃了上都，逃到了应昌(今内蒙古克什克腾旗境内)。

元顺帝迁都应昌后又先后组织了三次攻击大都的战争，但都以失败而告终。在这之后明军以物质基础雄厚的中原及江南地区作为依托，掌握了战争的绝对控制权。1369 年，明将徐达与常遇春进兵陕西，元军或死或降或自杀，两员大将所向披靡，最终迫使北元汉将李思齐陷入了孤军无援的境地，投降了明朝。泾阳张思道得到这一情报后，遣部将张良臣守庆阳，自己则率军走宁夏与扩廓帖木儿会合。明将汤和部在泾州会师，兵力集中到了一起。同时元军也开始集中兵力，王保保重新组织起军队与元将张良臣合兵一处，先后攻克了原州、泾州。但很快也被明军击败了。

1370 年，元顺帝在应昌病逝，皇太子爱猷识理达腊即位，为元昭宗，年号宣光。朱元璋把握战机，趁北元新旧交替之机，集结优势兵力重点进攻元昭宗驻地应昌及陕甘宁一带王保保的军队。这次明军兵分两路：西路军由大将徐达率领，自潼关出西安，进兵定西；东路军由李文忠率领，由北平（明朝把元大都改为北平，意即"平定北方"）经万全，过野狐岭，直趋应昌。徐达大败王保保军于沈儿峪，北元军将士 8 万余

人被俘，王保保只携妻子儿女及少数军士强渡黄河，逃到了和林。明东路军也同样大获全胜，在战斗中俘虏了元昭宗子麦德里巴勒及后妃、宫人、诸王家属等，元昭宗只带着少数随从逃到了和林与王保保会合，抱头痛哭。

1372 年，因北元残余势力对明北边不断攻袭，构成了直接威胁。因此，在这一年的春天，朱元璋命大将徐达、李文忠、冯胜兵分三路，率大军 15 万，再次北征。在这次进攻中，作为主攻的徐达与李文忠并没有取得什么战果，反倒是作为疑兵的冯胜军歪打正着，收到了成效。李文忠的东路军出居庸关，直取应昌，随后经达口温、克鲁伦河、土拉河、斡难河直到称海，和元军激战，明军失利，损失了曹良臣等几员骁将，兵败回师。徐达的中路军也遭到了同样的命运。他率军出雁门关，在岭北与北元的王保保和贺宗哲的军队遭遇，被元军伏击，死伤数万人，大败撤军。唯有冯胜的西路军出金兰到达兰州、扫林山、亦集乃路，直到瓜州和沙州，连续击败元军，获胜返回。这也许和元军的力量受到徐达和李文忠牵制有关。

1374 年，明军向元军发动了又一次攻击。这一次明将李文忠、蓝玉分别率兵进攻兴和、大宁、丰州，取得大胜。随即明军乘胜追击北元残军至丰州，北元鲁王与司徒答俊海、平章巴都、知院忽都等纷纷战死。

从 1368 年到 1374 年，明朝对北元多次用兵，尽管将北元军逐出了陕、甘、宁一线，但明军也付出了死伤 40 余万人的惨重的代价。所以，明太祖朱元璋深感平定北元不易，于是，逐渐改变了对北元的战略方针，以战略防御为主。朱元璋分别遣将在山西、北平等处练兵备边，防范元军南进，同时遣还元昭宗之子麦德里巴勒，与元人议和，暂时休战，从而稳定了北方。然后他将目光转移到了国内的经济恢复与政局的稳定上。

经过 10 余年的休养生息，明朝的内部政治已稳定下来，经过长期战乱破坏的经济生产也得到了一定的恢复，朱元璋的目光便又移向了北方，

他决定彻底消除北元的威胁。1387 年，朱元璋派遣冯胜、傅友德和蓝玉等率领 20 万大军北伐。明军绕道庆州，包围了纳哈楚军队驻地。纳哈楚在得到明军的许诺后，率 10 余万北元兵将投降，明军得胜回朝。不久，冯胜获罪，明军的军事指挥权转移到了蓝玉身上。1388 年，蓝玉率领明军北上，在捕鱼儿海(今内蒙古贝尔湖)彻底击败了元军。北元脱古思帖木儿汗仅与数十骑逃遁，途中被阿里不哥的后代也速迭儿杀死，结束了忽必烈后代对蒙古国大汗的承袭。随后也速迭儿自立为汗，到这里，元朝以及其残存势力——北元彻底完结。没想到忽必烈与阿里不哥自 1258 年开始的汗位争夺，直到这时才由他们的后人画上了一个句号！

点 评 ···

对元顺帝这样的人应该怎样评价呢？他 13 岁登基，直到 20 多岁才真正掌握朝政。在这之前，元朝实际的权力一直都掌握在权臣的手里。顺帝最初确实是想做一些事情的，他重用脱脱改革，确实解决了当时的许多现实的社会问题。后来自己亲政后也做了很多努力，但效果不大。

元顺帝之所以不能改变元朝的命运，力挽狂澜，像他的祖辈成吉思汗或忽必烈那样开创一番事业，和他本身的素质是有关系的。元顺帝尽管理想很高，但因他受到权臣们的压力太大，在现实生活中尝受的磨难太少，虽然能感受到个人生命在受到威胁，但自己却没有足够的能力去改变。这就是他在 20 几岁时，看到哈麻送来的美女时迅速腐化堕落的原因。归根结底，元顺帝不是一个有着坚强意志的帝王，而只是自幼被剥夺了权力的公子哥而已。建功立业也好，沉迷酒色也好，总之，他所做的一切都是为了他自己而已，虽然行动起来时或许也考虑过社稷苍生，但也都不过是一时的冲动。所以在奢侈淫乐中他自然会厌恶朝政，因为他没有足够的责任心，没有意识到自己有责任去挑起国家的重担。

不管怎么说，无论是从做君王的角度，还是从做人的角度来评价元

顺帝，他都不是成功的。作为君王他既没有足够的才能，也没有足够的责任心。而作为一个人，他疑心太重，沉迷酒色，实在不是个顶天立地的男子汉。

相关链接 ··

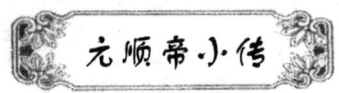

元顺帝是元明宗的长子，他生于 1320 年，死于 1370 年，在位 36 年，是元朝在位时间最长的大汗，同时也是元朝统治中原地区的最后一位君主。

元顺帝 13 岁即位时，蒙古统治的兴盛时代早已成为过眼烟云，摆在他面前的是一个烂摊子。而他还是一个孩子，什么叫国家，什么叫政治斗争，他全然不知。尽管是这样，他还是卷入了权力的争夺中，看到了无数个血雨腥风的屠戮场面。

开始，朝中的权力在伯颜和燕铁木儿两家手中把持。但很快伯颜被任命为中书右丞相，权势便超过了燕铁木儿家族。燕铁木儿的儿子这时任中书左丞，他为了夺回失去的权力，便暗地里与叔父答里、弟弟塔剌海、宗王晃火帖木儿等人密谋策划，打算要发动宫廷政变，废黜元顺帝。但在这场斗争中他输了，输掉了一切。阴谋败露了，伯颜伏兵将他乱刀砍死了。塔剌海逃进后宫中，躲到了姐姐——顺帝的皇后伯牙吾氏的座位下，可惜还是被伯颜搜出杀死了。伯颜是一个斩草除根的人，他很快就逼迫元顺帝将伯牙吾氏皇后逐出宫门，贬为了平民。而即便是这样伯颜依旧是不放心，将这位年轻的女孩毒死了。至于答里和晃火帖木儿，

没多久，也在乱军中兵败身亡。

这就是帝王之家，是伯颜让顺帝明白了什么叫权力，什么叫残忍。伯颜掌权后，根本没把顺帝放在眼里。顺帝尽管对伯颜不满，但伯颜的权势太大了，他又能有什么办法呢？就在这时，脱脱出现了，他为顺帝解决了这个问题。公元1340年春，元顺帝先发制人，在伯颜企图利用郊外狩猎时发动政变前夺取了朝中的权力。随后伯颜被流放，不久也像他当年毒死伯牙吾氏皇后一样，被元顺帝派人毒死了。

除去伯颜后，20岁的顺帝开始亲政。他一生中最正确的事情就是在这一时期重用了脱脱为中书右丞相，进行了一系列的改革。脱脱废除了伯颜的旧政，1341年恢复了中断6年的科举制度，大兴国子监，选名儒雅士传授儒学，并派人到曲阜祭祀孔庙。公元1343年脱脱又组织编修了辽、金、宋三朝历史。同时脱脱减轻赋税，给过去在政治斗争中遭受冤屈的官吏进行平反。一时间元朝上下气象一新。脱脱也因改革的成功在这一时期被人们称为"贤相"。就在这个时候，元顺帝却起用了中书平章事别儿怯不花担任了中书左丞。别儿怯不花与脱脱素来不和，他上台后就经常在元顺帝面前诬陷脱脱。脱脱从此便被顺帝疏远了。最后在无奈中，脱脱只好辞去相位，被迫称疾家居了。脱脱辞相后，顺帝依旧励精图治，可是，他是一个只有热情而没有经验的君主。元顺帝派出官吏巡行天下，想要广布圣德，考察民间疾苦，寻访贤能，罢黜那些地方的贪官污吏。可是他用人不当，派出去奉命巡行各省的宣抚使却趁机敲诈地方，虐害百姓，将恩泽变成了苦水。

面对政局的混乱，元顺帝并没有采取积极主动的态度，这一时期，在哈麻所引见的蕃僧的诱导下，他开始沉迷于女色，不再理会朝政。而就像是要摧垮元朝一样，元朝末年黄河泛滥，直接威胁到了元朝的经济命脉，元朝统治陷入了危机。面对这些危机，在皇后等人的提议下，元顺帝于1349年再次起用脱脱为相。但这一次脱脱的政治举措也出现了错误。为了解决元朝的财政问题，脱脱采取了"变钞"与"开河"两项

措施，然而正是这两项措施使元末的社会矛盾进一步加深，最终成为了农民起义的导火线。

公元 1351 年，韩山童、刘福通发动起义，揭开了元末农民起义的序幕。在镇压起义的过程中，元顺帝错误地听信谗言，罢免了脱脱，使元朝丧失了镇压起义军的最佳时机，踏上了灭亡的道路。罢免脱脱后，顺帝依旧不理朝政，元朝后期更是军阀割据，朝廷中明争暗斗，争权夺势，终于使元朝的统治到了不可挽救的地步。

公元 1368 年，明朝将领徐达统率明军北伐，攻入大都。元顺帝与后妃、太子和众大臣逃出大都。在中原地区存在了 97 年的元朝就此终结。公元 1370 年，元顺帝病死于今内蒙达里诺尔西南，终年 50 岁。

附录一
元代中国与世界的关系

一、马可·波罗与《马可·波罗游记》

在元朝，中国和欧洲的关系进入了一个新的阶段。由于蒙古帝国地跨欧亚大陆，有效地保证了东西方交通的畅通。因此，正如元朝人自己所说的那样，"四海为家"，"无此疆彼界"，"适千里者如在户庭，之万里者如出邻家"。在这样的客观条件下，元朝比以往中国历史上的任何一个朝代，与欧洲国家的经济文化交往都更加频繁。

元朝来华的欧洲人多是商人、传教士和旅行者。蒙古西征后，1245年初，教皇英诺森四世在法国里昂召集宗教大会，决定派遣传教士普兰诺·卡尔平尼等人携带教皇给蒙古可汗的两封信出使蒙古。这一时期，由于被蒙古人的西征所震撼，他们迫切地需要了解蒙古，了解这个来自东方的征服者。

马可·波罗像

普兰诺·卡尔平尼等人在 1246 年 7 月到达了蒙古帝国当时的政治中心——和林。8 月他们参加了贵由的登基典礼。于 1247 年秋，他们带着贵由给教皇的复信，回到了

3 小时读懂元朝

里昂，向教皇复命。贵由在信中拒绝了教皇的一切要求，宣布蒙古可汗系受天命征服各国。但在 1287~1288 年间，欧洲各国与蒙古人之间的紧张关系发生了微妙的改变。列班扫马奉伊利汗阿鲁浑之命出使欧洲后，罗马教廷和西欧各国发现伊利汗竟然也是信仰基督教的，结果他们用类推的方法，错误地认为元朝皇帝也都崇信基督教，于是，企图与蒙古统治者结成联盟，去共同对付异教徒。

这以后，商人、传教士和旅行者便经常进入蒙古汗国。1260 年，意大利威尼斯商人尼古拉·波罗、马窦·波罗兄弟到钦察汗国境内经商，他们在钦察汗国的都城萨莱住了一年。1262 年，钦察汗国与伊利汗国发生战争，归途危险，于是，他们只好继续东行，到达了不花剌，在这里又住了大约 3 年。正好旭烈兀派使臣前往元廷，使臣邀请他们同行。1265年夏，他们历经了千辛万苦到达了元上都，见到了忽必烈。忽必烈向他们询问了欧洲各国的政治、风俗以及民情，随后决定派使臣出使罗马教廷，命波罗兄弟充当使者随行。途中，元使病倒。波罗兄弟忠实地履行了他们的承诺，带国书继续西行。1269 年，他们回到了阿克儿，向罗马教廷递交了忽必烈的国书，随后回到了威尼斯。

这一次东行使波罗兄弟对东方产生了浓厚的兴趣。1271 年，兄弟俩又带着年轻的马可·波罗一同谒见了新任教皇格里哥里十世，要求回中国复命。马可·波罗出生于 1254 年，他的父亲是这两兄弟中的哥哥尼古拉·波罗，这一年他刚满 16 岁。

教皇令两传教士携带致忽必烈大汗的信随他们前往中国。两传教士惧怕旅途艰险，将信件委托尼古拉等代为送达。尼古拉父子叔侄三人，沿途边旅行边经商，走了三年半的时间，在 1275 年夏再一次到达了上都，向忽必烈复命。

波罗一家三人来到中国后，马可·波罗在中国一直居住了 17 年。他第一次见到忽必烈时刚刚 21 岁，风华正茂。马可·波罗很善于学习，不久就熟悉了宫廷礼仪。所以他很快就得到了忽必烈的赏识。马可·波罗曾

附录一 元代中国与世界的关系

受命出使云南和江南等地，并在扬州做官 3 年，又奉命出使过占城、印度。他在中国呆得久了，便成了一个中国通。但马可·波罗很想回自己的祖国看看，他多次向忽必烈表示西归的意愿，可都没被应允。直到忽必烈晚年，马可·波罗出使印度归来，恰逢伊利汗阿鲁浑请求大汗为他选妃。忽必烈将 17 岁的阔阔真赐给了阿鲁浑，并命马可·波罗以使者的身份护送，他才有了回国的机

《马可·波罗游记》

会。这一次的归程大概走了两年多的时间。

1295 年，马可·波罗回到了威尼斯。这时正好威尼斯和热那亚为争夺海上商业利益而发生了战争。1298 年，44 岁的马可·波罗参加了威尼斯的舰队，在海战中不幸战败被俘。狱中，他将旅行东方各国的见闻详细述说，由比萨人鲁思梯谦记录整理成书，这就是《马可·波罗环宇记》即《马可·波罗游记》。不久马可·波罗即被释放。1324 年他死在了威尼斯的家中，时年 70 岁，葬于威尼斯的圣多雷兹教堂。

马可·波罗在中外关系交往史上，是一个需要浓墨重彩的人物。他的《马可·波罗环宇记》中，对中国的养蚕、丝绸、造纸、纸币、印刷、烧煤以及城市建筑、市政管理、艺术等，都详细地记载下来。14 世纪以后，这本书在欧洲广泛流传，所以《马可·波罗环宇记》成为了当时中西文明交流的载体。欧洲人正是通过这本书，了解到了当时东方富庶繁华的中国，为后来欧洲新航路的开辟，大航海时代的到来，埋下了伏笔。

二、世界性的大都市——元大都

元大都，突厥语称"汗八里"，即汗城、帝城的意思。忽必烈即位后将燕京（今天的北京）升为都城，以便于控制汉地，所以燕京就成了元朝的大都。而原来的都城开平仍保留都城的地位，一来方便联络草原诸王，同时也满足了大汗的生活习惯。忽必烈时，冬在大都，夏则在上都(开平)。

元大都始建于1267年，建造的地点选择在了金中都旧城东北的海子一带的旷野上。选择这里的原因是因为按照蒙古人的习俗，骑马或步行经过一个安置过斡尔朵留有烧火痕迹的地方是不吉利的，所以在亡金宫阙的废墟上重建新宫，就是一种禁忌。

大都的建设历经26年。1267年初，正式兴工筑城。4月，做宫城，1268年10月宫城初步建成。1272年2月，忽必烈下令将中都改为大都。1274年正月，宫阙告成，忽必烈在御正殿受百官朝贺。4月，开始建东宫。1276年外城筑成。1281年，开掘城壕。1285年2月才诏旧城居民迁入了新的都城，并按照财产多少、官职高低占地起宅，一分宅基地以8亩为限，剩下的地方，留给百姓建房。到1287年，筑城工程全部完工。1293年连接大都和通州的通惠河竣工，标志大都建设的完成。

元大都规模空前。大都城呈规则的矩形，南北略长。城中心点在积水潭东岸的中心阁。外城周长28 600米，设城门11座。皇城位于城南稍偏西，周围约20里。宫殿建筑主要分为大明殿、延春阁及东宫三组。前两组建筑分布在从城正南门丽正门直达钟鼓楼、中心阁的正南北向的中轴线上。

元大都遗址

元大都城市和宫阙的设计、布置体现了汉蒙文化的结合。在城池、宫阙、社庙的整体布局上，都依据《周礼·考工记》中记载的原则。宫阙的建筑风格、形制与命名则本于汉制。城门、坊名都来自《易经》。但殿廷内的陈设布置又具有蒙古斡尔朵的特色。如大明殿，殿中设七宝云龙御榻，又设皇后座位，两旁则诸王、百官、怯薛官侍宴坐床重列。入门处置木质银里漆瓮一座，高5.67米，可贮酒50石。丹墀前种有一种从漠北引种的"思俭草"，提示即位的统治者不要忘记大草原。

元大都是14世纪中国的政治经济文化中心，也是当时一座具有国际性大都市性质的城市。元大都与一般的城市不同，除了皇城、内城和外城外，还有城外的附郭。在附郭内居住着往来各国的商人，并建有各国使者的专邸。因此在元大都内居住了众多的外国人。为满足城中各色教徒的宗教信仰需要，专门为他们提供宗教服务的星者巫师就约有5000人。元大都的贸易相当发达，据马可·波罗说："百物输入之众，有如川流之不息。"来自各国的巨价异物以及其他商品在这里的买卖情况，是当时世界上任何一座城市都无法比拟的。

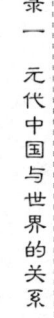

三、元朝与东南亚诸国的关系

元朝人最初也是想要把东南亚热带雨林地区，纳入到他们的统治版图之内。但元朝人对东南亚地区的扩张遇到了困难。

1257 年，忽必烈征服云南各部后，蒙将兀良合台便遣使至安南"谕降"。使者被安南国扣留。1258 年初，兀良合台率军侵入安南，这一次蒙古人取得了胜利，达到了预想的战略目的。兀良合台占领了安南京城升龙(今河内)，9 天后撤回。忽必烈即位后，封安南国主为"安南国王"，允其三年一贡，并派驻达鲁花赤。1267 年和 1277 年，忽必烈两次遣使安南，以国君亲朝、质子、上户籍、出军役、纳赋税、置达鲁花赤六事责成。

但由于忽必烈不断地对外扩张，繁重的赋税与军役激起了安南人的反抗。1284 年，忽必烈遣军借道安南侵略占城，并要求安南提供军饷，被安南拒绝，于是元军对安南再次用兵。结果因不适应当地气候环境，死伤众多，狼狈败回。1287 年，忽必烈再发大军征讨安南。依旧陷入安南的游击战和雨季的泥沼中，仍以失败告终。无论是从军事实力，还是从物质资源上看，安南都不具备与元朝抗衡的能力。安南能在两次战争中取得胜利，主要是因为东南亚的气候与地理条件对元人不利，以及元军将领在战争中指挥失当。安南王陈日烜很清楚地认识到了这些，所以不想再起战端。他第二次击败元军后，立即派使者前往元朝，归还了所

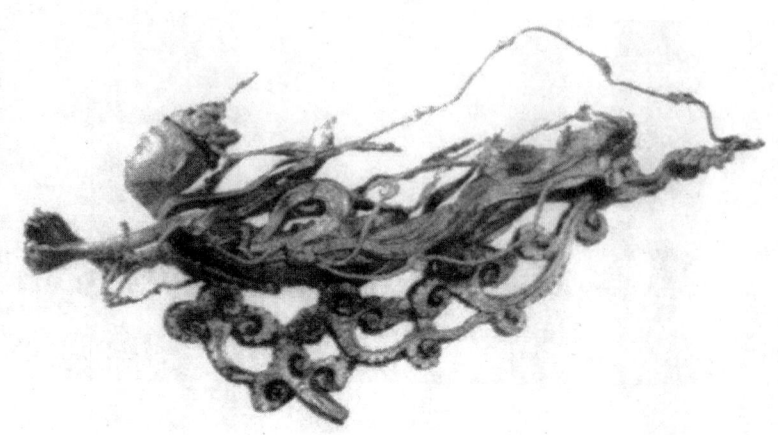

元·金飞天头饰

有俘虏，并进贡金人代替自己赎罪。可忽必烈不甘心失败，打算在 1293 年再次出兵安南。1294 年忽必烈逝世，成宗铁穆耳即位后采取"守成"政策，停止了征讨安南，战争才算告一段落。

占城国在安南的南边，1280 年占城国国主就派遣使者到元廷称臣纳贡了。1281 年，忽必烈封占城国国主为"占城国王"，同时在占城设占城行省，以作为对外扩张的据点。而在 1283 年底，忽必烈以占城扣留元朝出使海外的使者、"既降复叛"为理由，派兵对占城进行讨伐。但由于安南拒绝借道的原因，1284 年征占城的元军奉命北攻安南，讨伐占城的战役就此结束。元成宗后，安南王遣使与元朝通好，占城也多次进贡，所以，东南亚局势基本稳定。

元代时，安南受中国文化影响较深。安南国内儒学兴起，儒士在政治上的地位提高。在这一时期，安南也开始崇信佛教，元代杂剧也传入安南，对安南歌剧艺术的形成产生了很大影响。

四、元朝与各汗国及欧洲国家的关系

在忽必烈与阿里不哥争位时期，各大汗国政见不合，致使元朝丧失了对他们的实际控制能力。在蒙古各汗国中，元朝与远在西亚的伊利汗间的关系一直很好，而与窝阔台汗国和察合台汗国的关系就不那么乐观了。

窝阔台的孙子海都继承窝阔台汗国后，一直觊觎大汗的正统地位。察合台汗国与海都结盟后，不时对忽必烈控制的地盘发动侵扰，与元朝进行了长达 40 年的战争，成为忽必烈及其后人在中亚的主要对手。1301年，海都病死，窝阔台汗国出现内乱。1303 年，察合台汗都哇与窝阔台汗察八儿汗向元朝求和，承认元朝的宗主国地位，于是订约言和。

在这以后，元朝与察合台汗都哇联合击败了窝阔台汗察八儿，兼并了窝阔台汗国的大部分领地，灭亡了窝阔台汗国。察八儿于 1310 年降元，元仁宗封他为汝宁王，又将两汗国的归降部落安置在了金山以南，元朝大军则驻守在金山北面，监视察合台汗国的同时维持着友好关系。察合台汗国后期大权旁落，各地贵族裂地自据。1349 年后，察合台汗国分裂为东西两部分，中间仅有过短暂的统一，从此逐渐没落。

伊利汗国的建立者旭烈兀是忽必烈的亲弟弟，所以和元朝的关系亦最紧密。"伊利"这一名称是忽必烈所封，意思是"辅臣"，由此可见伊利汗国与元朝的关系。旭烈兀以后历代伊利汗的即位，都要得到元朝皇

175

帝的册封才算合法。伊利汗颁布的公文，也都使用大汗颁赐的汉文玉玺，把大汗（元朝皇帝）列在前面，表示尊崇。同时，伊利汗本人在中国汉地也拥有大量的属民和封户。伊利汗国部分官吏的俸禄也由元朝提供。终元一代，伊利汗廷与元廷之间的使节往来频繁，不绝于书。

　　这种密切的政治关系，为元代中国与伊朗及阿拉伯各地的经济、文化交流的广泛开展，提供了有利的条件。正是通过旭烈兀的西征将中国人的火药武器，通过波斯、阿拉伯等国家传入了欧洲。旭烈兀在西征过程中还带去了许多精通天文历算的学者，如屠密迟在伊朗天文学家纳速剌丁途昔编纂《伊利汗天文表》时，就曾向他传授过中国的天文推步术。伊利汗国的丞相拉施都丁还在奉命编纂《史集》的过程中也向中国天文学者请教了东方的天文历法。总之，伊利汗国在东西方文化交流中起到了桥梁的作用。

五、面向世界的海上贸易

在元朝空前大一统的环境下，重视商业发展的元代，海上交通和对外贸易十分发达。

元朝采用南宋旧制，设市舶提举司管理海外贸易。1277 年曾在泉州、庆元、上海、澉浦四市设市舶司。1293 年又增设温州、杭州、广东三处市舶司。

元政府还制定了"市舶法 22 条"。元代市舶法规定：出海贸易的船只、人员、货物、贸易目的地，均需经当地市舶司审核批准，发给公凭、公验。开船时，由市舶司官员检视船货内有无违禁物品。船舶出海，原则上只允许前往申请的目的地国家和地区做贸易。若确"因风水打往别国"，则按照"舶到别国货物"例抽分(征税)。出海贸易的船只，须于规定的时间返回，并到原来申请凭验的市舶司接受抽分。抽分的比率是，粗货 1∶15，细货 1∶10，另纳舶税 1∶30。外国船只和中国船只输入的外国货物，依例抽分

元·青花八棱罐

后，由市舶司差人发卖。

为了能直接从海外贸易中获得更大的利益，元政府于 1284 年始，实行了一种官本商办的外贸活动，即由政府提供船舶、资本，商人提供人力，所得利益，政府得 7 成，商人得 3 成。海外贸易中，中国输出的商品基本上是纺织品、陶瓷器、金银铁器、杂货类日用品和水银、硫磺等矿产品，以及名贵中药材等。输入的多是香料、珠宝等奢侈品。

当时和中国有海上贸易关系的国家和地区，据记载，菲律宾以南以西的沿海国家和地区就达 97 个，最远处到达非洲今坦桑尼亚的桑给巴尔岛。当时，东南亚海上的贸易主要掌握在中国商人的手里。当时要想从印度经海路到达中国的话，就只能乘坐中国的船只。

附录二
元代的文化发展

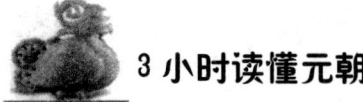

一、元杂剧的突出成就

1.关汉卿与《窦娥冤》

关汉卿，号已斋叟，元代大都（今北京市）人。他是我国历史上伟大的杂剧作家，元代杂剧的开创者之一，中国戏剧的奠基人。

在元代，文人地位低下，元朝的等级制度中规定有"十儒九丐"的

关汉卿像

说法，因此，作为剧作家的关汉卿备受歧视。历史记载，关汉卿是个医生，他曾任太医院尹。关汉卿擅长歌舞，精通音律，能吟诗，会琴箫。他为人"生而倜傥，博学能文，滑稽多智，蕴藉风流，为一时之冠"。他一生创作极为丰富，而在众多作品中以《窦娥冤》最具代表性。《窦娥冤》是关汉卿晚年的作品，是中国古典悲剧的典范。而现在，人们几乎到了只要一提关汉卿，就会想到他的《窦娥冤》，看到《窦娥冤》，就能想到

关汉卿的地步。这是因为关汉卿在剧中所塑造的窦娥形象，给人们留下了深刻的印象。她展现给人们的是一种坚贞不屈，不向黑暗势力低头的宝贵品质，代表了当时在元朝高压统治下，广大人民的精神面貌。

《窦娥冤》的故事情节大概是这样的：窦娥是一个苦命的女子，她3岁丧母，7岁父亲离开了她去进京赶考。当时她的父亲只是一个穷秀才，为了还清借债和筹到进京赶考的盘缠，他欠下蔡婆婆几十两银子，只好把女儿窦娥送到蔡家做童养媳。10年后，窦娥的丈夫不幸死去，家里只剩下老少寡妇俩人。一天，蔡婆婆出外索债，赛卢医欲谋财害命，正巧被地痞张驴儿父子搭救。张驴儿父子乘机硬搬到了蔡家居住。不久，蔡婆婆就嫁给了张老头，而张驴儿见窦娥年轻貌美，也想娶她为妻，被窦娥严词拒绝。张驴儿为霸占家财，强娶窦娥，便下毒想要害死蔡婆婆。结果弄巧成拙，张驴儿却误害了自己的老爹。为了逃避追究，张驴儿转诬窦娥害死了公公张老头，还买通关节，致使窦娥被见钱眼开的楚州太守屈打成招，判了死刑。窦娥满腹冤枉，无处去申诉。临刑时，她为表明自己的冤屈，

《窦娥冤》插图

《窦娥冤》书影

发出了愤怒的三个预言：她的颈血会溅到一丈二尺的白布上，不会半点落地；六月的夏季里，老天会为她降下大雪，掩埋她纯洁的躯体；而且当地会大旱三年。窦娥死后，她的三个预言都变成了现实。

剧本的结局仍旧是一个中国式的大团圆。最后，窦娥的父亲金榜提名，做官回来，窦娥托梦给父亲，诉说了自己的冤屈，最终由父亲替窦娥申了冤，报了仇，主持了正义。体现了恶有恶报的中国传统伦理道德观念。

2. 王实甫与《西厢记》

王实甫也是元代著名的杂剧家，他是元代大都（北京）人，曾在元朝做官，后辞官不做，赋闲在家。王实甫的《西厢记》是元代戏曲中的另一部重要作品。《西厢记》是王实甫把董解元的《西厢记诸宫调》改写为戏曲后的作品。故事情节虽基本相同，但剔除了一些不合理的情节，题材更集中，主题更鲜明，艺术上也有所提高。

《西厢记》情节并不复杂。男主人公张生是一个有才华的青年，一个偶然的机会，他在普救寺邂逅了已故相国的千金崔莺莺。两人一见倾心，但迫于封建社会男女之大碍，以及父母之命，媒妁之言的伦理观念，两人只能含情脉脉，不敢亲近。好在有个红娘在中间穿针引线巧布局，使两人各吐心事，真正相爱了。但相国夫人嫌贫爱富，不愿意答应这门婚事。也是歪打正着，正巧恶霸孙飞虎率兵包围了普救寺，而张生的义兄正好在附近带兵驻守，情急下相国夫人答应了张生的婚事。于是，张生搬来救兵解了普救寺之围。不想老夫人翻脸不认账，好在红娘伶牙俐齿，后来张生高中状元，最终有情人终成眷属。

王实甫的《西厢记》是我国古典戏剧的现实主义杰作，为明清以来的戏剧创作提供了宝贵的经验。在艺术上，王实甫在《西厢记》中根据人物的性格特征，展开了错综复杂的矛盾冲突，完成了对莺莺、张生、红娘等艺术形象的塑造。故事里的人物虽不多，但揭示得比较深刻，能将人物的性格和情节开展巧妙地结合到一起，成功地表现了事件曲折复杂的过程。

《西厢记》从元明以来一直是最受群众欢迎、流传最广的曲目，原因就在于《西厢记》是在歌颂爱情，歌颂青年男女对爱情的渴望与执著，是中国数百年来封建礼教

《西厢记》插图

束缚下的青年男女追求爱情幸福的赞歌。

3. 马致远与《汉宫秋》

马致远，号东篱，和关汉卿一样也是大都人。他的一生经历了世祖、成宗、武宗、仁宗、英宗五代君主。马致远的先辈是随金室南迁的文士，蒙古灭金后，北方政局逐渐稳定，他们又迁回到了大都地区。因此马致远做过官，青年时代曾经追求功名，他自己说"九重天，二十年，龙楼凤阁都曾见"。到晚年，马致远隐居江南，具体情况不被人知。

马致远一生写出的剧本较多，杂剧有 15 种，现存 7 种。它们是：《半夜雷轰荐福碑》、《江州司马青衫泪》、《吕洞宾三醉岳阳楼》、《孤雁汉宫秋》、《开坛阐教黄粱梦》、《太华山陈抟高卧》、《马丹阳三度任风子》。其中以《孤雁汉宫秋》，即《汉宫秋》在艺术上成就较高，最为出名。

《汉宫秋》是以昭君出塞的故事为历史模本写成的杂剧。《汉书·匈奴传》和《后汉书·南匈奴传》中记载了汉元帝时，匈奴呼韩邪单于来汉朝请求和亲，昭君自愿出塞的事。马致远把故事改到了汉朝国势衰弱的汉元帝时，并对史实进行了很多改动。在马致远笔下，画师毛延寿因求贿不成，故意丑化王昭君的画像，后来被元帝发现，遂叛国勾引匈奴兵入侵。这时满朝文武束手无策，王昭君被迫出塞和亲，走到汉匈

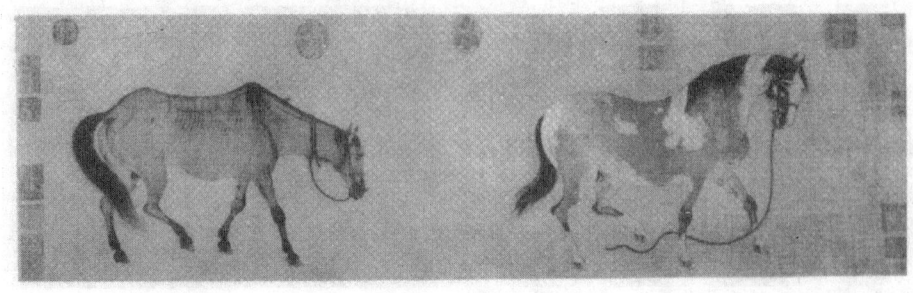

元·任仁发·二马图

边境黑龙江时，投江自杀。马致远在暗示，一个专权纳贿的权奸，一旦罪恶败露，就有可能叛国投敌；而一个真正热爱祖国的志士，在面临国家民族的危难时，应挺身而出，不惜牺牲自己的生命，以捍卫国家、民族的利益。

《汉宫秋》是一部有着很强的民族意识和爱国精神的作品。作品反映了在元灭金、灭宋的历史转折时期，元朝内部的诸多矛盾，渗入了作者对民族矛盾中许多人家破人亡的感慨。尽管作品有一定的历史和阶级局限，但不失为一部感人的杰作。

4. 白朴与《墙上马头》

白仁甫生于1226年，奥州（今山西河曲）人。原名恒，字行，后改名朴，字太素，号兰谷先生，因此，人们常称他为白朴。白朴出身书香门第，伯父白贲是金章宗泰和三年进士，精于禅学道书、岐黄之说，是当时有名的诗人。父亲白华，字文举，金宣宗贞祐三年进士，官至枢密院判官。白朴出生时，金王朝正走向灭亡，当时文化兴盛，政治上却腐败无能，终于在1234年被蒙古人灭亡。

正因如此，白朴的童年十分坎坷，漂泊不定。白朴幼年时饱经兵乱，因诗人元好问与白家交往很深，所以这一时期白朴得到了元好问的很多帮助。1233年白华先在邓州降宋，后又在1235年10月降蒙。不到10岁的白朴也跟着父亲辗转漂泊。白华降蒙后依附于真定地区的蒙古万户史天泽。真定地区早在1240年就步入了恢复发展时期。史氏家族注意延揽文士、振兴文教，所以真定地区文士荟萃，杂剧创作活动也出现了兴盛局面。白朴正是在这种环境中熏陶长大的。

白朴的作品很多，现存有词105首，词集名《天籁集》。散曲有小令33支，套曲四组，杂剧15种。白朴的杂剧作品中有很多名作，如《唐明皇秋夜梧桐雨》、《唐明皇游月宫》、《苏小小月夜钱塘梦》以及《鸳鸯简·墙头马上》等。现今保留下来的只有《唐明皇秋夜梧桐雨》、《鸳鸯简·墙

秋郊饮马图

头马上》和《韩翠蘋御水流红叶》的残文。

《墙头马上》也是以男女爱情为题材的作品。白朴的作品多受白居易影响，《墙头马上》便是受白居易的《新乐府·井底引银瓶》一诗启发而写成的。作品从正面歌颂了青年男女争取自由婚姻的精神，塑造了勇敢、大胆、泼辣但并不流于轻浮的李千金形象。

《墙头马上》中的李千金和崔莺莺的性格完全不同，她是一个敢爱敢做的女人。李千金初见裴少俊后，就明白地表示了自己的爱慕之情。她嚷着叫梅香为她传送束帖。当她与裴少俊的约会被嬷嬷发现时，更理直气壮地为自己的行为进行了辩解。后来嬷嬷放她和裴少俊私奔，李千金在裴家的后花园里竟然偷住了七年之久，但还是被裴少俊的父亲发觉了。裴少俊的性格比较懦弱，他在父亲的逼迫下休弃了李千金。而李千金这时表现得非常坚强，她说，"是与非须辨别"，"这姻缘也是天赐的"。不过最后还是一对有情人终成眷属的结局。裴少俊考中状元，要求与李千金重做夫妇，李千金先是毅然拒绝，后来由于儿女求情才答应。

李千金的形象，就是放到今天也算是一个大胆女性了。

5.元代其他杂剧家

元代散曲作家众多，除了关汉卿、王实甫、马致远、白朴外，还有很多优秀的作家。由于人数太多，这里只简单地说一下元朝前期的代表

作家，如康进之、高文秀、纪君祥、尚仲贤、杨显之、石君宝、郑廷玉、武汉臣等。

康进之，山东惠民人。他的《李逵负荆》是元人水浒戏里优秀的作品。李逵是元代水浒戏中最重要的角色，半数的水浒戏是以他为主人公的。《李逵负荆》中，将李逵有着极强的正义感，好冲动，但勇于改过的性格展现得淋漓尽致。他先听王林说女儿被宋江和鲁智深抢走，还拿出红绢褡膊作为证据，李逵便信以为真。他怒气冲天地回山追查，对宋江、鲁智深进行了辛辣的嘲弄。真相大白后，李逵又马上负荆请罪，一个粗线条的英雄跃然纸上。

高文秀，山东东平人，东平在元初是北方经济发展、社会安定的地区。高文秀的代表作同样是水浒戏。他编的水浒戏最多，其中有八种是"黑旋风"李逵的戏，现仅存《双献功》一种。

纪君祥和尚仲贤的杂剧多以历代军事和政治斗争为题材，再糅合民间传说而写成。如《赵氏孤儿》、《吴天塔》、《单鞭夺槊》、《赚蒯通》等。而杨显之、石君宝在杂剧创作中则以描写受压迫妇女的反抗斗争见长，风格与关汉卿相近。如杨显之《潇湘雨》和《酷寒亭》都是这一类作品。在元代，还有一些作家的作品更具有史学价值，在女真族作家李直夫的《虎头牌》中，就记录了很多女真族的风俗习惯，对后代的史学研究有很大的帮助。

总之，对于杂剧而言，元朝是一个百花齐放、异彩缤纷的时代。

二、元代的散曲和民谣

　　散曲是元代艺术的代表。习惯上，我们一般所说的散曲是指小令。散曲在某种程度上是由词发展而来。北宋灭亡后，中原文人的诗词在吸收了一些民间兴起的曲词，以及女真、蒙古等少数民族乐曲后，经金末元初文人的介入，逐渐形成了一种新的诗歌形式，这就是散曲，因形成于北方，也称北曲。

　　散曲包括小令、套曲和介乎小令与套曲之间的"带过曲"三种形式。小令又称"叶儿"，一般都是单曲。小令原是流行于民间的词调和小曲，句调长短不齐，具有一定的腔格。小令顾名思义就是要短小，因此，它不像慢词那样存在双调或三叠、四叠。不过小令中有一种联章体，用来表达特殊的意思时使用，有时，一联下来，甚至会联上百支小令。套曲来源于宫调，也称套数或大令。既然要套，就不能单一，套曲是由两首以上用同一宫调的曲子相联而成的组曲，一般都有尾声，并且要一韵到底。带过曲原来是指同一宫调里经常连唱的曲调，一般是两支，也有三支相连的情况。

　　散曲中的小令是散曲的代表。小令的来源很杂，有些曲调如《山坡羊》、《豆叶黄》、《千荷叶》等，一听就和人们的生产劳动有关系，多是从乡村流传到都市里的。有些曲调又特别在某些地区流行，如山东东平唱《木兰花》，大名唱《摸鱼子》，南京唱《生查子》，彰德

3 小时读懂元朝

唱《木斛沙》，陕西唱《阳关三叠》、《黑漆弩》等。

现存散曲在内容上多是咏史、抒怀，歌唱山林隐逸和描写男女风情的作品，也有少数作品涉及当时重大的社会问题。散曲中尤其以小令最为普遍，它清丽生动，有相当的艺术价值。不管怎么说，散曲是在北宋后游牧民族入侵中原，汉文人在外族的统治下，在多民族大融合的前提下，对当时的市井文学进行吸收、改进而产生的一种全新的、通俗的文学形式。

元代的散曲创作十分普遍，目前可以考证的作家就有二百多人，另外还有不少佚名作者无法知晓他们的真实身份。这些作家的出生年代各有先后，阶级成分也非常复杂，这就使得元代散曲的风格各异，迥然不同。元代散曲的发展大致可分为前后两个时期。前期的著名作家有关汉卿、马致远等。他们的作品与民间歌曲比较接近，风格质朴自然，有较多的社会内容。与关汉卿同时代的散曲作家王鼎，则作风滑稽，有很多无聊作品。作品中比较有意义的有《拨不断》和《醉中天》两首，不过内容还是缺少思想。此外，杨果、卢挚、姚燧、冯子振等也是前期散曲的著名作家。他们都是官位显达的人，因此曲风偏于典雅，代表了元散曲中的另一种倾向。

散曲发展到后期，语言趋向典雅工丽，这方面的代表作家是张可久和乔吉。张可久，字小山，今浙江鄞县人。他仕途上不太得志，晚年久居西湖，以山水自娱。张可久著有《今

元·吹排箫雕砖俑

附录二 元代的文化发展

乐府》、《苏堤渔唱》、《吴盐》、《新乐府》等，后人辑为《小山乐府》六卷。乔吉自称"江湖醉仙"、"江湖状元"，著有散曲集《梦符散曲》。与张可久比，乔吉则带有更多的江湖游士习气。但两人的作品中都会偶尔出现怀古伤今或托物寓意、对现实不满的作品。

在后期比较重要的作家还有睢景臣、张养浩和刘时中。他们中尤其以张养浩被今人所熟知。张养浩生于 1270 年，字希孟，号云庄，山东历城人。他宦海沉浮 30 年，曾任礼部尚书、监察御史等职，可说是位居高官。1321 年，他以言官的身份上疏，"谏元夕放灯"，获罪辞官，就此隐居。著有《云庄休居自适小乐府》，作品中充满了"隐居乐道"的思想。1329 年，陕西大旱，他被召为陕西行台中丞，去赈济灾民，同年死于任所。张养浩最出名的代表作就是《潼关怀古》，作品的思想十分深刻。

在元曲以外，元代的民谣也很有特色。不过因为历史距今太远，流传下来的很少，目前能收集到的大约只有 20 多首。这些民谣多在元代尖锐复杂的阶级斗争和民族斗争中产生，所以带有很强的政治性和战斗性。

其中有一首是这样写的：

"解贼一金并一鼓，迎官两鼓一声锣。金鼓看来都一样，官人与贼不争多。"

元末这类的歌谣就更多了，如一首鼓动人民起义的歌谣是这样写的：

"山高皇帝远，了少相公多。一日三遍打，不反待如何？"

总之，民谣往往代表了当时底层人民的呼声，所以它反映出的社会问题也就最尖锐、最突出。

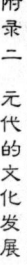

三、"不求形似"的文人画

1.文人画

文人画是在元曲之外能够反映元朝时代特征的另一艺术门类。文人画，是指作画者"不求形似"，不注重对客观对象的着意摹写，而是注重映射自身的审美趣味、思想情感的一种绘画形式。

文人画出现在宋代，到元代开始盛行。说起来，这种盛行的现象却是在一种悲愤情绪下产生的。元代朝廷不设宫廷画师，知名画家多是民间士人。而这些士人又多怀亡国之恨，深受民族压迫之苦，在这种环境下，绘画便成为了他们抒发不满和抑郁的一种途径，所以写意就成了文人画的首要特征。南宋遗民郑所南的《兰花》就是这样，画中的兰花根部裸露，暗喻国亡土失，无所凭依。

文人画主要以水墨画为主，在技法上将书法的运笔技巧用于作画，画与题款、印章有机地结合在一起，这些也都影响了明清时期中国画的发展。元代文人画的代表画家主要有赵孟頫及"元四家"。"元四家"是指黄公望、吴镇、倪瓒和王蒙，他们都是江浙人，对南宋有着一定的感情。尤其是赵孟頫，他将书画艺术巧妙地结合到了一起，被称为"画人神品。"

黄公望、王蒙、倪瓒、吴镇四位画家同处于一个时代，年龄相近，都崇尚"雅洁淡逸"的绘画风格，但各自的风格又各有千秋。黄公望的特点是山川深厚，草木华滋；王蒙的绘画则很细致，很大气，山水多至数十种，树木不下数十种，千岩万壑，迤环重叠；吴镇的山水苍茫沉郁，与王蒙完全不同；倪瓒的山水，则具有一种荒凉空寂、疏简消沉的趣味。"元四家"的画不仅对中国后代水墨山水的写意风格影响极大，而且通过中日的文化交往，对日本绘画的发展也有一定影响。

2.赵孟頫

赵孟頫是元朝成就最高的书画家。他精通篆书、隶书、楷书、行书、草书诸体，更开启了一代绘画新风，后来的元四家及其他画家都以他为楷模。

赵孟頫，字子昂，号松雪道人，湖州（今浙江）人，是宋太祖赵匡胤第十一代孙，因此在他的心中隐藏着极强的亡国伤痛。

赵氏书印

赵孟頫多才多艺，这和他的勤奋是分不开的。他5岁就开始读书、练书法，几十年如一日，总是每天清晨起床，盥洗完毕后，点好香，开始练字。一天下来，少则几千，多的时候要写上上万个字。赵孟頫从小爱画马，就是一张废纸，也要画一幅马才把它扔掉。因此

他画的马，千姿百态，栩栩如生。他作起画来，起先看似漫不经心，只是在纸上随便点点染染而已，可渐渐地，一幅精美绝伦的山水画就跃然纸上了，真是达到了胸有成竹的地步。

赵孟頫在世的时候就已经是名扬海内外的艺术家了，不仅中国人喜欢他的画，在幕府统治下的日本僧侣和商人来到中原地区后，也会将他的画购买回国去。曾经有个印度和尚，不远万里来到中国，就是为了请赵孟頫为他写字。后来，赵孟頫的字被他带回到印度，成了珍贵的艺术品。当时有不少人在模仿他的书画风格，有的甚至还仿冒他的作品。

赵孟頫也在元朝做过官，但由于他的身份背景，仕途自然不会顺利。赵孟

后人摹赵孟頫像

頫在元朝最后做的官职是没有实权的翰林学士承旨，上任 3 年后他就去世了，死时 69 岁。

四、元代的宗教

在元代这个多民族的帝国里，元朝政府对宗教信仰采取了宽容政策。无论信仰什么宗教，只要不影响蒙古人的统治及尊严，就不会受到太多的限制。

蒙古统治者最先接受佛教中的禅宗思想。1214 年，蒙古军攻克金人宁远城时，只有 13 岁的禅僧海云见到了成吉思汗。1219 年，成吉思汗传诏，命海云和他的老师中观一起管理汉地僧人，并免去了僧人的差役。1242 年，海云又北上觐见了忽必烈，并在讲解佛法的同时，将刘秉中介绍给了他。蒙哥汗时期，吐蕃佛教（即喇嘛教）亦开始进入蒙古宫廷。后来，由于受到帝师八思巴的影响，在元朝佛教各派中，吐蕃佛教在朝廷的地位最高，而就全国而言，最为流行的则是禅宗。同时，从佛教派生的白云宗，即"白莲教"，在南方也拥有了越来越多的徒众，到元末竟成了农民起义军最初的主要力量。

道教在元代也比较盛行。元朝时期，在北方活动的道教，主要是太一、大道、全真三派及浑元教。在这些教派中以全真对蒙古统治者的影响最深。

全真教由道士王重阳创建，教义主旨在于宣扬儒、释、道三家合一，兼而修之，故号全真。因在金末元初，全真派掌教丘处机西行觐见成吉思汗的关系，全真教在蒙古帝国时期前期的三四十年内，成为北方道教

的主要势力，形成了一门独尊的势头。后来在蒙哥在位时期，佛教与道教为谁是正宗的问题发生争论，全真教在两次佛道辩论中都失败，结果使道教的地位降至佛教之下，而且也改变了全真教在北方道教诸派中一门独尊的局面。但贯穿元朝始终，南方主要是太一、大道这些自宋以来就进行传播的宗教，而北方道教依旧是全真为尊。

伊斯兰教早在唐代就已经传入我国。元代一般称伊斯兰教徒为回回人。"回回"一名则是"回纥"的谐音。元朝境内的回回人主要来源于蒙古西征时从中亚、波斯和大食俘掠来的人口或当时投降依附蒙古的官员将领，当然也有相当部分的商人。回回构成了色目人中的绝大部分，政治上很受蒙古统治者信任，不少人在中央衙门或地方官府担任要职。如元朝的著名能臣赛典赤就是回回人。

基督教（主要指聂思脱里教）也是唐代传入我国的，当时被称为"波斯经教"，又称为景教或大秦景教。九世纪中期，由于唐政府的取缔，基督教在内地趋于灭绝。但在辽金时期，景教在中国西北民族中广泛传播。蒙古草原上的克烈部、乃蛮部都信奉基督教。这些部落被成吉思汗

卧佛寺铜卧佛

灭亡后，基督教也随着被征服的部众重新传入内地。因为基督教是从西北地区重新进入内地的，所以元代西北地区仍是基督教教徒比较集中的地区，此外因商业原因，大都乃至江南沿海各地也有许多信徒。

摩尼教是唐代传入中国的又一教派。是唐代漠北的回鹘汗国所信奉的宗教。因为回鹘人帮助唐朝平定"安史之乱"有功，所以摩尼教在唐代受到保护。公元840年回鹘人西迁以后，把摩尼教带入了吐鲁番地区。而内地的摩尼教虽遭唐政府禁限，但并未灭绝，在东南沿海一带的民间仍然被信奉。因为摩尼教崇拜光明，因此也称"明教"。到了元代，元朝人像对待其他宗教一样对待明教，并不进行干预，将其和基督教一样看待，不加区分。当时明教在泉州、温州地区十分流行，并建有寺院。

在元朝，天主教也传入了中国。因为蒙古大军的西征，使罗马教廷为之震动。因此法国国王和教廷都曾遣使者到达过中国。蒙古人掳回的战俘中也有东正教徒和天主教徒。后来他们定居在蒙古本土和汉地，所信仰的宗教也随之东来。但影响远不及基督教。

相较于东正教徒和天主教徒，犹太教进入中国的时间就要早得多了。宋代时，就有相当数量的犹太人定居在了开封。他们是来自波斯或中亚落籍不归的西域商旅的后裔。在开封，这部分犹太人有自己的社区，保存有自己的宗教。金代，1163年，开封的犹太人还在俺都喇的组织下开始修建了"祝虎院"，即犹太教教堂。元代，犹太人被称为术忽，或主吾，有的时候也被称为术忽回回。蒙古人并不注意区分伊

大理国梵像图

斯兰教徒和犹太教徒，把他们都视为一类人。总之，只要他们的宗教信仰不损害蒙古统治的尊严，蒙古人对回回人和犹太人则采取放任态度，不予干涉。

另外，由于宋元时期海上贸易发达，自宋朝起，就有来华的信仰印度教（即湿婆教）的印度人。总之，应该说元朝对于宗教的宽容政策是成功的。在元朝没有发生过像西方国家那样的大规模的宗教战争，与统治者的这种态度是分不开的。

五、理学思想的确立

　　理学在元代的北传并取得正统地位，是元朝统治下的汉族儒士，在失去了崇高的政治地位和对国家政治的影响力后，对本民族文化的传承表现。

　　在金朝，理学就已经在北方的局部地区流传。金章宗时，信安人杜时升隐居嵩洛山中，以程学授徒，他是在北方传播"伊洛之学"的第一人。后来，理学著作开始在金境流传开来。最早在金境公开刊行、造成广泛影响的，是张九成作解的理学著作选集《道学发源》。

　　蒙古灭金后，与南宋之间的战争展开。1235 年，蒙军攻陷湖北安陆后，俘虏了"乡贡进士"理学家赵复。赵复被俘后很快得到了元朝的重用，当时元朝行中书省事杨惟中及僚属姚枢等受命在俘虏中搜求儒、道、医、卜以及工匠艺人，知道赵复是南宋名儒后，立即护送他北上。赵复被护送到燕京后，在太极书院讲学，向他学习理学的人有上百人之多。其中北方儒士姚枢、刘因、窦默、郝经也在其内。在太极书院讲学期间，赵复也刊行了自己的著作《伊洛发挥》。后赵复又持此书遍游河北、山东，宣讲程朱理学，将理学思想较为系统地介绍到北方。所以《元史》认为"北方知有程朱之学"是从赵复开始的。

　　但由于赵复不愿做官，不久就在真定隐居了，所以他并没有直接促使理学成为官学。许衡则将理学变成了官学。忽必烈经理汉地时，重用

儒士，让姚枢担任劝农使、许衡做京兆提学。许衡所在州县都建起了学校。1262 年，忽必烈设诸路提举学校官。许衡在 1265 年接受忽必烈召见时，提出了采用汉法的五条建议，其中第四条就是："自各城市州县都要设立学校，让皇子以下的普通百姓子弟都能上学，以懂得父子君臣的纲常伦理。"忽必烈接受了这一建议，并逐步实施。后来又在京师设立了蒙古国子学，许衡作为国子祭酒主持国子学事务，在元朝的蒙古人、汉人官吏和贵族的子弟中招收学生入学读书。国子学的学制体系都是许衡按照朱熹的教育思想确立的。1287 年，元朝正式建立国子监，由许衡的学生耶律有尚任祭酒，一切也都遵从许衡的体系进行教学。1291 年，元朝又在江南诸路学及各县学内设立了小学，自此从京师到郡县，元朝统治的各地都设立了学校。

在元代，地方有自由建学的权力，因此书院的数量远远超过宋朝，北及大漠，南到云南，都有地方办学。书院的山长由政府任命，掌钱谷的直学则由郡守及宪府(廉访司)考试选补。自京学到州县学以及书院的学生，经守令的荐举和台宪官的考核，合格者可出任教官或做吏员。虽然通过这一途径不能让读书人做到省台的要员，但在科举停办的时代，仍然给读书人指出了一条出路。而程朱理学就是在这样的大环境下得到传播发展的。

程朱理学在全国的广泛传

元·五子登科画像石

播，为元仁宗在 1313 年恢复科举考试创造了必要的客观条件。元代科举乡试的程序为，蒙古、色目人为一科，试二场。第一场经问五条，第二场策一道。至正时改为经问三条，增本经义一道。经问只在《四书》内出题，经义须从五经中明选一经为本经出题考试。汉人、南人为一科，试三场。第一场明经、经义二问，于《四书》内出题，经义一道，从五经中出题，各治一经。

元朝的科举考试已经和明朝的科举制度十分相近了。当时的考生在答题时，《四书》用朱熹的《四书章句集注》，《诗》用朱注，《尚书》以朱熹弟子蔡沈的《书集传》为主，《周易》以程颐的《伊川易传》和朱熹的《周易本义》为主，以上三经兼用古注疏，程颐、胡安国的《春秋传》、《礼记》用古注疏。

这样一来，读书人认识到，如果不读《四书五经》，不学程朱理学，就没有出头的一天，所以《四书五经》就成了世人奉为经典的书，理学思想也在这一时刻被确立。这以后，文庙从祀诸贤的座次在元代也已依照理学的道统观加以排定。1313 年 6 月，仁宗以先儒周敦颐、程颢、程颐、张载、邵雍、司马光、朱熹、张栻、吕祖谦和许衡从祀孔庙。1316 年 7 月，"诏春秋释奠于先圣，以颜子、曾子、子思、孟子配享"。这样，全国的文庙制度被统一起来，道学的正统地位及其所宣扬的道统说在这时正式得到了朝廷的批准。

理学正统地位的确立对元后的明清影响巨大。尽管理学到明末清初时已经彻底没落，可由于它是官方的正统学说，加上有科举制的支撑，也就成为中国文化的枷锁，存在了 300 多年。

附录三
元代的科技发展

一、科学家郭守敬

　　郭守敬，字若思，河北人，生于 1231 年。郭守敬的家学很深，他的祖父郭荣精通数学和水利。在这样的环境中，郭守敬自小耳濡目染，自然会对科学感兴趣。他还曾经自己动手做过一些小的天文仪器，受到了他祖父的喜爱。郭荣把他送到精通天文、地理、数学的老朋友刘秉忠那里去学习，这使郭守敬的学业有了更大的长进。

　　元朝统一华夏大地后使用的历法是《大明历》。可《大明历》已经用了 700 多年了，误差很大，这就促使元朝政府要组编一套新的历法。南宋灭亡后，忽必烈开始进行这项工作。1276 年，郭守敬被调到太史局，和王恂一起负责编制新历。

　　修历的过程中，郭守敬十分注重实践，他提出了："历之本在于测验，而测验之器莫先于仪表。"所以，郭守敬首先集中精力对旧有的仪器做了仔细检查，后和工匠一起，研制了近 20 种新的天文仪器，其中最主要的有简仪、仰仪、圭表以及和它配合使用的景符等仪表。

　　"简仪"是郭守敬对天文学的一大贡献。他在浑天仪的基础上，针对浑天仪存在的缺点进行了革新改造。经他改造后的天文仪器，再不会发生因为圆环数过多而遮掩尾体的现象，所测得的二十八宿星距的位置也更加准确了。由于这一仪器既精确又简单，故也称其为"简仪"。简仪的结构与现代的"天图式望远镜"基本上是一致的，被后人

誉为"臻于精妙"的天文仪器。在欧洲，像这样结构的天文仪器，直到 18 世纪才从英国流传开来。

郭守敬制作的这些仪器都有实用、简便、灵巧、精确的特点。这就为他制作精确的历法提供了必要的物质条件。郭守敬等人根据大量观测资料，仔细研究了自西汉以来的七十种历法，经过精密的测算后终于编制出了新历法——《授时历》。

《授时历》以 365.2425 天作为一回归年，如果以小时计算，是 365 天 5 小时 49 分 12 秒，比地球绕太阳公转一周的实际时间只差 26 秒，经过 3320 年后才相差一日，跟目前国际通用的公历完全相同。1670 年，英国天文学家格列高里才对招差术作了在欧洲的首次发表，而《授时历》应用招差术推算太阳、月亮以及五星逐日运行的情况，早于欧洲 400 年。总之，《授时历》是当时的一部先进的历法书。1281 年起，《授时历》开始在全国颁布实行，使用时间长达 363 年，是中国古代的一部精密历法。

郭守敬在水利工程上也取得了突出的成就。1260 年，郭守敬奉忽必烈之命巡视大名(今河北省西南部和河南省东北部地区)，负责水利建设。郭守敬利用业余时间带着工匠，亲自动手仿制了一台铜质的莲花

元·通惠河漕运图卷

漏。他将莲花漏献给了忽必烈，同时提出了六条建设水利工程的建议。于是，忽必烈让他负责各路河渠的整修管理事务。1264 年，郭守敬随张文谦先后到达陕西、甘肃、宁夏等地区，修复了唐来、汉延两条古渠。1275 年，郭守敬又奉命勘测黄淮平原地形和通航水路，同时建立了水上交通站。在方圆几百里内进行了地形测绘和水利规划工作，他对于何地可以分流控制水势，何处可以灌溉农田，都进行了详细说明，并画成了地图。绘图过程中，他以海平面作为标准，初步运用地理学和测量学中的重要概念——"海拔"。

　　郭守敬在水利方面的最大贡献是开凿从大都到通州段的运河——"通惠河"。1291 年，郭守敬提出了兴修大都运粮河等 11 条水利建议。得到批准后，郭守敬于第二年以太史令兼领都水监事，主持了这项工作。"通惠河"全长 160 里，仅用一年半就全部完工，京杭大运河至此全部完成，从南方驶来的运粮船可以直达北京了。

　　可以说，郭守敬是 13 世纪世界上最杰出的科学家之一，他在天文学、水利工程、地理学、数学和机械工程等方面在当时都是首屈一指。

二、元代的水利学与工程技术

元代在水利学与工程技术方面，不仅郭守敬的贡献突出，贾鲁在水利方面也有着相当的成就。尽管贾鲁在水利工程上的兴建引发了后来大规模的农民起义，不过还是应该对他的成绩作出正确的评价。

在元代黄河曾多次泛滥，有记载表明，在元统治不到百年的时间里，竟然多达 200 余次。1344 年，黄河洪水冲垮白茅堤，时任元朝水监的贾鲁，亲自沿河考察数千里，他进献了两个计划，一个是只修白茅堤，这样可以节省人力物力，适合当时元朝财政紧张的状况，但会留下后患；另一个就是后来施行的将黄河水导入故道，最后引入大海的计划，这是长远之策，但耗费的人力物力太大。1349 年，脱脱复相后，采用了后一策，贾鲁任工部尚书，开始了庞大的治河工程。治河前后约 170 天，动用人力近 20 万，合计用工约 3800 万，疏浚河道 280 余里，堵塞大小决口 107 处，修筑堤防 770 里。工程的浩大，为我国治河史上所罕见。可惜天灾可治，人祸难防，为了这场浩大的工程贾鲁处心积虑，最终还是落了个遗臭万年，这其中的苦楚恐怕只有他自己才能知道。

在地理学方面，元于 1303 年编纂了《元一统志》，共 1300 卷，是一部当时全国性详实的沿革地理和人文地理著作。地理学家朱思本还花费了 10 年时间绘制了《舆地图》。

而在技术方面，元朝也取得了一定的发展。印刷术方面，农学家王

祯创制木活字，解决了陶、锡活字"难于使墨"的问题；又发明转轮检字法，减轻了排字的劳动强度，提高了排字效率。武器方面出现了火铳，这是人类历史上最早的金属管火炮，一尊造于 1332 年，铜质，铳口直径 10.5 厘米，铳身较粗，可发射大型炮弹，宜攻城；另一尊造于 1351 年，也是铜质，铳身长 43.5 厘米，铳口直径 3 厘米，适合攻击远程目标。这就说明，当时已能根据不同用途制造相应型号的火铳了。

航海贸易的发展同样促进了造船和航海技术的进步。元朝继承了宋代的成就，并达到了更高的水准。1975 年在韩国木浦附近海底发现的元代沉船，船长约 30 米，宽 7.6 米，有 12 间船舱，载重为 400 ~ 500 吨。在航海技术上，已掌握用观测星高的方法来确定地理纬度的牵星术，指南针也得到了普遍应用，信风也成为了航海家们所熟悉的技艺。

元·铜火铳

三、元代的农学、医学和营养学

元代的农业，虽然在实践上没能让百姓温饱有余，但技术和生产上是有较大进步的。在《四库全书》中收录的农书有十部，元代就占了三部，仅次于明代（明朝有四部）。可见元朝统治者是十分重视农业发展的，尽管在元朝统治初期，其目的主要是为了满足军需，但在客观上也起到了恢复农业生产的作用。忽必烈在 1270 年就设立了司农司，专掌农桑水利，派遣劝农官，察举农事，并以此来考核地方官的政绩，所以中央政府和地方官都有编纂农书的积极性。

1273 年，为了推广农业生产技术，司农司博求古今农书，在删繁择要的基础上编成《农桑辑要》一书，并刊刻颁行天下。《农桑辑要》总结了 13 世纪末期以前我国北方地区的农业生产的经验和技术，反映我国作物栽培的进展情况，其中有关木棉的输入、栽培以及棉花的加工技术等内容，尤其值得注意，是研究古代农书的宝贵文献。同时这部书也是我国古代第一部由政府编行的指导农业生产的农业全书。元代曾将此书多次翻印，到 1332 年，一次就印了 10 000 部。

1314 年，畏兀儿农学家鲁明善又撰写了《农桑衣食撮要》，弥补了《农桑辑要》对于岁月杂事的叙述比较简略的不足。农学家王祯的《农书》则是我国历史上第一部在全国规模上对整个农业作系统研究的农学巨著。《农书》分三大部分：第一部分"农桑通诀"，总论农业历史、

农耕的各个环节和农业的各部门；第二部分，分别叙述各种农作物的培养方法；第三部分是这本书最富创造性的部分，王祯在文字的基础上共收录了各种农具和农业机械图 306 幅，分12 门和数十项，图文并茂，介绍了各项农器的构造、渊源、演变和用法。

《饮膳正要》书影

因为元朝是一个世界性的庞大帝国，因此，元代的医学有着中西方文化交流的特点。传统中医学说进一步发展，并吸收了阿拉伯医学的精华。

元代医学分为 13 科，比宋代的 9 科、金代的 10 科更细。医学史上的金元四大家中的李果和朱震亨就分别活动于这一时期。李果，字明之，今河北正定人，著有《伤寒会要》和《脾胃论》。朱震亨，字彦修，今浙江义乌人，撰有《格致全论》、《局方发挥》、《伤寒辨疑》和《本草衍义补遗》。他们都是中医内科中的名医。在外科方面有危亦林。危亦林在麻醉术和骨折复位手术上有突出的贡献。在他的《世医得效方》中记载的关于麻醉药物的介绍，是世界上最早的全身麻醉的记载。

阿拉伯医术在元代传入中土，回回人忽思惠在 1330 年撰成《饮膳正要》，对食品营养、饮食卫生、疾病防治、食物种类等都作了开拓性的探讨。

四、元代的纺织与黄道婆

元代的纺织、印染、刺绣等工艺，继宋、金以后有了进一步提高，绫、罗、绸、缎、绢、纱等各地均有织造，仅元朝政府官办织绣作坊就有 80 余所。江南丝织业更是全国之首，产品几乎遍布中国各地。历史悠久的蜀锦也盛行不衰，以蜀中十样锦最为著名。

元代织锦业的代表是官办织绣作坊绫绮局和织佛像提举司等绣织的御容像、佛像等。由阿拉伯工匠以金丝色线织成，底色与金丝交相辉映，富丽堂皇的纳石丝，即"织金锦"是丝织业的新成就，对后世织金锦缎的发展有一定影响。另外，这一时期，棉、毛织业也开始兴起。为适应纺织业的发展，印染业也有所进步，松江棉布印染的效果就如同绘画般精巧细致。

在元代纺织业中必须一提的就是黄道婆对

元·练丝图

棉纺织业的革新。中国著名的蓝印花布，就是出自黄道婆之手。她把海南先进的纺织技术带到了江南，推动了江南地区棉纺织技术的进步和发展，让棉纺织品走入了寻常百姓家。

黄道婆是宋元时期的松江地区人。她的名字不详，黄道婆是后人对她的尊称。她十二三岁时因生活所迫被当地一户人家收为童养媳。婆婆和丈夫对她都十分不好，一天到晚不是打就是骂。有一次因为她织布的速度慢了一些，她就被婆婆和丈夫毒打，锁在了柴房里，不给她饭吃，还不让她睡觉。黄道婆不堪忍受，就偷偷地在房顶上掏了个洞，逃上停靠在黄浦江上的一艘帆船跑了。

黄道婆被船一直带到了海南岛南端的崖州，与当地的黎族人一起生活了起来。

黄道婆塑像

当时海南岛一带的棉纺业十分发达，生产的棉织物，品种繁多，织工精细，质量、色彩均超过了内地。只海南地区进贡给当时的南宋朝廷的各类棉布就有 20 余种。黎族人织出的兜罗棉、帆布、吉贝等纺织品更销往了全国各地。

黄道婆到了海南后得到了善良的黎族人民的帮助，黄道婆虚心刻苦地学习，同黎族人一起纺纱织布。日出而作，日落而息，虽然辛苦，却过上了平常人的生活。在黎族人悉心传授下，慢慢地，通过在实践中不断地摸索，黄道婆将黎族的织布方法融合了家乡织布技术的长处，成为了有着精湛技术的纺织能手。

二十年光阴如梭，黄道婆从一个充满反抗意识的小媳妇变成了鬓发

3 小时读懂元朝

斑白的中年妇人。黄道婆想家了，思乡情最切。这时宋朝已经灭亡，忽必烈也已经去世，在成宗初年，大概是在 1295 年到 1297 年之间，黄道婆背着纺织工具回到了松江地区。这时的她已经是一个具有中原与海南两地纺织技术的人，这就促使她推动了松江地区的纺织业发展。

黄道婆回到故乡后，将两地的纺织工艺结合起来，系统地改进了从轧籽、弹花到纺纱、织布的全部生产工序，造出了许多新的生产工具，并把自己掌握的织造技术毫无保留地传授给了家乡人民。到元末时，松江地区从事棉织业的居民已有 1000 多家，到了明代，这里则成了全国的棉织业中心，赢得了"衣被天下"的声誉。

黄道婆的贡献是巨大的，英国著名科学家李约瑟博士在《中国科学技术史》一书中给予黄道婆高度的评价，联合国教科文组织也称她为世界级的科学家。

附录三 元代的科技发展

附录四
元朝历代皇帝年表

元[孛儿只斤氏]（公元 1206－ 公元 1368）

帝位(姓　名)	年号(在位时间)	即位时间
太祖(孛儿只斤铁木真) (成吉思汗)	—(22)	1206
拖雷(监国)	—(1)	1228
太宗(～窝阔台)	—(13)	1229
乃马真后(称制)	—(5)	1242
定宗(～贵由)	—(3)	1246
海迷失后(称制)	—(3)	1249
宪宗(～蒙哥)	—(9)	1251
世祖(～忽必烈)	中统(5)	1260
	至元(31)	1264
成宗(～铁穆耳)	元贞(3)	1295
	大德(11)	1297
武宗(～海山)	至大(4)	1308
仁宗(～爱育黎拔力八达)	皇庆(2)	1312
	延祐(7)	1314
英宗(～硕德八剌)	至治(3)	1321

泰定帝(～也孙铁木儿)	泰定(5)	1324
	致和(1)	1328
天顺帝(～阿速吉八)	天顺(1)	1328
文宗(～图帖睦尔)	天历(3)	1328
明宗(～和世㻋（là）)		1329
	至顺(4)	1330
宁宗(～懿璘质班)	至顺	1332
顺帝(～妥懽帖睦尔)	至顺	1333
	元统(3)	1333
	(后)至元(6)	1335
	至正(28)	1341

附录四　元朝历代皇帝年表

215